跟大師
學創造力
2

牛頓的
物理學探索
＋
21個
趣味實驗

凱麗・何理翰 Kerrie Logan Hollihan 著　周宜芳 譯

Isaac Newton
and Physics
His Life and Ideas with 21 Activities

謹將本書獻給葛蘿麗雅・蓮恩，
她讓我相信，我一直是個科學家。

目錄

CONTENTS

總導讀

鄭國威（泛科學總編輯及共同創辦人）

身為一介投身科學知識傳播與教育領域的文科生，我一直在找尋兩個問題的答案。第一個問題是，要怎樣讓比較適合文科的孩子不要放棄對理科的好奇心與興趣？第二個問題是，要怎樣讓適合理科的孩子未來能夠不要掉入「專業的詛咒」？

選擇理科或文科，通常不是學生自己由衷的選擇，而是為了避免嘮叨跟麻煩，由環境因素與外人角力出的一條最小阻力路徑。孩子對知識與世界的嚮往原本就跨界，哪管大人硬分出來的文科或理科？更何況，過往覺得有效率、犧牲程度可接受的集體教育方針，早被這個加速時代反噬。當人工智慧加上大數據，正在代理人類的記憶與決策，而手機以及各種物聯網裝置，正在成為我們肢體的延伸，「深度學習」怎麼會只是機器的事？我們人類更需要「深度的學習力」來應對更快速變化的未來。

根據國際學生能力評量計畫（PISA，Programme for International Student Assessment），台灣學生雖然數理學科知識排名前列，但卻缺乏敘理、論證、思辯能力，閱讀素養普遍不足。這樣的偏食發展，導致文科理科隔閡更遠，大大影響了跨領域合作能力。

文科理科繼續隔離的危害，全世界都看見了，課綱也才需要一改再改。

但這樣就能解決開頭問的兩個問題嗎？我發現的確有解法，而且非常簡單，那就是「讀寫科學史」，先讓孩子進入故事脈落，體驗科學知識與關鍵人物開展時到底在想什麼，接著鼓勵孩子用自己的話來回答「如果是你，你會怎麼做？」「如果情況變了，你認為當時的 XXX 會怎麼做？」等問題，來學習寫作與表達能力。

　　閱讀是 Input，寫作是 Output，孩子是否真的厲害，還得看他寫了什麼。炙手可熱的 STEAM 教育，如今也已經演變成了「STREAM」——其中的 R 指的就是閱讀與寫作能力（Reading & wRiting）。讓偏向文科的孩子多讀科學人物及科學史，追根溯源，才能真正體會其趣味，讓偏向理科的孩子多讀科學人物及科學史，更能加強閱讀與文字能力，不至於未來徒有專業而不曉溝通。

　　市面上科學家的故事版本眾多，各有優點。仔細閱讀過這系列，發現作者早就想到我尋覓許久才找到的解法。不僅故事與人物鋪陳有血有肉，資料詳實卻不壓迫，也精心設計了隨手就可以體驗書中人物生活與創造歷程的實驗活動，非常貼心。這套書並不只給孩子，我相信也適合每個還有好奇心的大人。

導讀

張東君（科普作家）

對於很多事、很多人，我們總是「以為自己知道，但其實並不知道」。牛頓與伽利略，再加上愛迪生、達爾文，以及其他很多很多的科學家，我們也都只是知道他們的名字，也許再加上一兩個類似蘋果、鐘擺、電燈泡、演化論等關鍵字，就有著已經了解他們的錯覺。牛頓說：「如果我能看得更遠，那是因為我站在巨人的肩膀上。」而我們之所以能夠處在現今這樣科技進步的時代，都多虧了這些前人。那麼，從這幾本書中好好了解他們，再動手做做看他們曾經專注鑽研過的實驗，也是一種向他們致敬的方式。因為，科學史真的很重要（我說啊，跟隨著他們的思緒及研究過程，對考試一定很有幫助的啦）！

伽利略的鐘擺理論告訴我們：「擺錘的完整週期，會隨著擺線長度改變，但是與擺錘重量無關。」據說這個理論的初始，是伽利略看著教堂天花板垂掛的吊燈擺動，注意到來回擺動一次的時間總是保持一致，聯想到時鐘下方的鐘擺與擺動週期規律……這個故事讓我們猜測，伽利略很可能覺得神職人員的演說太無聊了，才會放空又盯著天花板跟吊燈瞧，一邊數它來回擺動的次數，一直數、一直數。我想像他會如此數個不停，是因為我自己有類似的經驗——當我在走路時也會數自己的步伐；甚至在游泳、抬頭起來換氣的時

候，我還會數著對面牆上的磁磚，五塊、十塊、十五塊……。不同的是，伽利略數吊燈擺動的故事以及背後的重要理論，將會流傳世世代代，而我一邊游泳一邊數磁磚，一邊走路還一邊數步伐，其實只是要讓我原本想要休息的腦袋，持續工作而已啊。

以往我們學（自然）科學時，因為缺乏系統的學習，往往不知其先後因果。而【跟大師學創造力】不但讓我們更深入認識伽利略、牛頓和其他科學家，同時了解他們所處的時代背景及各國、各領域的科學家們做學問之際的往來互動與糾葛。看完書，我們會發現，不論是不是所謂的天才，科學家們真的都會為了做研究而廢寢忘食，也因為堅持自己的理念與想法而不顧一切。

現在，就讓我們一邊看科學家的八卦，一邊動手做這些有趣的小實驗吧！

英國詩人威廉‧華滋華斯從牛
頓的故事得到靈感，寫下詩篇
〈溫德米爾少年〉，而這幅如夢
似幻的沉思男孩畫像，正是受
到詩篇啟發的作品。（美國國會
圖書館 LC-USZ62-93933）

絕頂聰明又特立獨行的牛頓

艾薩克·牛頓討厭數羊：日復一日，週復一週，如此重複一遍又一遍。1650 年代，在位於英格蘭伍爾斯索普的小村莊，丟了羊就像斷了生路。

但是牛頓不在乎。養羊沉悶無聊，他寧願從他與母親、祖父母同住的屋子裡，排滿了書的架子上，拿一本書來讀。他知道自己與眾不同，他不想像伍爾斯索普的其他男孩一樣長大後當農夫。牛頓對事物有獨特的看法。

牛頓看到事物的規則。他看到日常生活、日出到日落以及春夏秋冬的節奏。他從太陽、月亮和星星在天空的穩定運行看到了規則。儘管他觸摸不到「遠在天邊」的任何東西，他仍思索著天體的運行是否依循「近在眼前」的一切所遵照的同一套定律。

牛頓會製作小風車、水鐘、日晷和風箏，並從中看到風力、水力和日照如何使其作用。這個小男孩透過雙眼和手指的觸覺，感知到宇宙天地同為一體。牛頓開始推想，宇宙萬物運作的背後，必然有某個共通的道理。

當牛頓還是個小男孩時，太陽、月球和星星都繞著地球轉的說法正要開始被推翻。在學校上課的日子以及週日上教堂，牛頓或許都曾聽說一種說法，上帝把地球以及地球上的人類安置在宇宙中心。然而，在離伍爾斯索普很遠的地方，有少數幾個人大膽質疑地心說這種核心信念。

大事紀年表

漢娜・艾斯庫嫁給自耕農艾薩克・牛頓 —— **1642**
艾薩克・牛頓婚後 6 個月過世
耶誕節那天，漢娜生了一個兒子，取名艾薩克

1646 　漢娜嫁給史密斯牧師，把小艾薩克
留在伍爾斯索普與外祖父母同住

牛頓進入格蘭特罕的文法學校就讀 —— **1655**

1661 —— 牛頓錄取劍橋大學三一學院

牛頓完成學士學位，但由於劍橋受到黑死病侵襲 —— **1665**
牛頓搬回伍爾斯索普

黑死病結束，牛頓返回劍橋 —— **1667**

7 月，牛頓取得碩士學位 —— **1668**
8 月，牛頓拜訪倫敦，得到英王查理二世恩准
免於按立為牧師

牛頓公開他的發明：反射望遠鏡 —— **1669**
牛頓被提名出任劍橋大學盧卡斯數學教授

1670 —— 牛頓講授他的第一堂課：光學

牛頓當選皇家學會院士
牛頓在《自然科學會報》發表 ——— **1672**
〈光與顏色〉一文

1679 ——— 漢娜‧牛頓逝世

哈雷訪問劍橋
向牛頓請教關於行星軌道的問題 ——— **1684**
牛頓開始撰寫《原理》一書

1686 ——— 皇家學會出版《原理》第一卷

《原理》全三卷出版 ——— **1687**

1688 ——— 牛頓參與「光榮革命」

牛頓當選國會議員 ——— **1689**

1693 ——— 在劍橋，牛頓陷入嚴重的憂鬱

牛頓搬到倫敦 ——— **1696**
受命擔任皇家鑄幣局總監

1700 ——— 牛頓成為皇家鑄幣局局長

牛頓再次當選國會議員 ——— **1701**
且他離開了劍橋，沒有再回來

1703 ——— 牛頓當選皇家學會會長

牛頓出版第一版《光學》 ——— **1704**

安妮女王封他為
1705 艾薩克‧牛頓爵士

皇家學會審理牛頓和
萊布尼茲對微積分的優先權爭議 ——— **1712**

1727 ——— 牛頓逝世，長眠於西敏寺

THE MONUMENT, LONDON

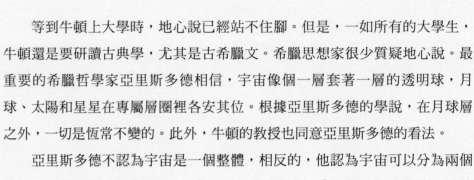

等到牛頓上大學時，地心說已經站不住腳。但是，一如所有的大學生，牛頓還是要研讀古典學，尤其是古希臘文。希臘思想家很少質疑地心說。最重要的希臘哲學家亞里斯多德相信，宇宙像個一層套著一層的透明球，月球、太陽和星星在專屬層圈裡各安其位。根據亞里斯多德的學說，在月球層之外，一切是恆常不變的。此外，牛頓的教授也同意亞里斯多德的看法。

亞里斯多德不認為宇宙是一個整體，相反的，他認為宇宙可以分為兩個部分——「天上」和「人間」。「天上」是完美的，「人間」是混亂的。地球和蒼穹絕對不可能運行如一體。

然而當牛頓逐漸長大成人後，他敢於質疑亞里斯多德的世界觀。他鑽研希臘、伊斯蘭和中世紀思想家的著作；他思索哥白尼、克卜勒和伽利略等文藝復興時期天文學家所描述的天體模型。他問道：物體，如樹上的蘋果，為什麼一定會往下掉？

後來，牛頓從這個想法出發，建構出一個確切的模型，成為能夠通盤解釋這些現象的第一人。

牛頓是「自然哲學家」，也就是我們通稱的科學家或物理學家。牛頓研究的是世界的體系，他的物理學成為科學革命皇冠上的寶石。西元約 1500 年至 1700 年是個變動的年代，人們學習藉由觀察、實驗和建立形式化方法以驗證各種事物的本質。

牛頓發現了一套簡單俐落的法則連結「天上」與「人間」。他根據這項發現，寫出史上最有影響力的書之一：《自然哲學的數學原理》，簡稱《原理》。

沒錯，牛頓不但是個好奇的人，也是個讓別人覺得好奇的怪人。推崇敬佩他的人很多，不過討厭鄙夷他的人也很多。許多人就是不喜歡他。

確實，英格蘭最聰明的自然哲學家是個特異的怪人。牛頓具備高度的專注力，可以埋頭工作一連好幾個月，幾乎廢寢忘食。不過短短幾年，他在物理學、天文學、光學和數學都有驚人的發現，但卻不曾告訴過任何人。

牛頓爵士的內在世界仍然令人費解，只有他自己知道是什麼在他的腦袋宇宙中運行。牛頓生性孤僻、傲慢而善妒，記仇可以記一輩子（有事實為證）。到了晚年，他沒有什麼朋友。有時他會怨恨母親、敵視繼父，甚至想著該如何毀掉他們的房子。

心性如此激烈尖刻的牛頓，做任何事應該都會搞砸，然而他的思想卻領先同時代的所有人。他問道：「我要如何解釋天與地的運作，都是根據同一套簡明的計畫？」

牛頓提出重要的大哉問，而他也找到了解答。

英格蘭林肯夏郡 1646 年的地圖。牛頓成長的伍爾斯索普村落，以及求學的格蘭特罕，皆位於林肯夏郡的西南部。由於伍爾斯索普實在太小了，地圖上甚至沒有標示。

Chapter 1

不凡的少年

16 58 年一個陰沉的 9 月天，當風開始拂掃整個英格蘭之際，十五歲的牛頓正坐在學校裡的他的座位上；幾個小時之內，一團巨大的風暴將肆虐這個小國。與牛頓同校的男孩們很快就會知道還有一場風暴正在倫敦展開，那是一場政治危機。英格蘭的護國公克倫威爾去世了。現在，誰來統治英格蘭呢？

但是，牛頓不擔心風雨，也沒把英格蘭的憂患放在心上。暴風雨帶來了其他東西，一個讓他能夠做實驗的好機會。他迫不及待的衝到戶外，置身在風中。一開始他迎著風跳，接著又背對著風跳，就這樣一次又一次，邊跳邊做記號，看自己跳了多遠。

後來，牛頓將這些紀錄和他在溫和天氣所完成的跳遠紀錄做比較，如此一來他更能理解風的性質和它強大的力量。牛頓的實驗顯示，暴風的力量讓他能比平常多跳約 30 公分。牛頓知道他的同學有可能會懷疑他的發現，因此他用他跳遠時標記、測量的距離當作證明。

　　牛頓出生時情況危急，他能夠活到在風裡做實驗的這一天根本就是奇蹟。1642 年的耶誕節，牛頓在家裡出生，但幫他母親接生的助產士認為他一定會夭折。艾薩克小寶寶嬌小到甚至可以裝進約一公升的鍋子裡。出門跑腿張羅事物的家僕甚至不急著趕回來，因為他們確信寶寶在他們回到家之前就會斷氣。新生兒的脖子都沒有力氣，因此會搖頭晃腦的，但是這個小嬰兒實在太虛弱，照顧他的人還得特製一種領子以支撐他的頭。

　　牛頓熬過生命關鍵的頭幾天後，他的母親帶他到伍爾斯索普小村莊的一間小教堂受洗。教區記事錄也記錄了這次的受洗，就像記錄在伍爾斯索普舉行的每一次浸禮：

主後 1642 年

艾薩克，艾薩克與漢娜·牛頓之子

於 1 月 1 日受洗

　　不過牛頓受洗時，他的父親並沒有在場觀禮。牛頓的父親也叫作艾薩克，他在牛頓的母親懷胎 6 個月時去世。根據當時的稅務紀錄，牛頓的父親是自耕農，擁有土地，住在一個小莊園。在稅冊上，牛頓的父親用「X」代替簽名，因為他不識字，也不會寫字。牛頓的父親風評並不好，有個見過他的

人說他「粗野、放縱又軟弱」。

但是，這個「壞男孩」吸引了漢娜·艾斯庫的目光。在那個時代，女生鮮少接受正式教育，但是漢娜的家人讓她學了點讀寫。漢娜可能是透過弟弟威廉的介紹與艾薩克·牛頓交往，她的雙親也同意了這樁婚事，她的父親送給她一塊農地當嫁妝，農地一年產出的收入大約是 50 英鎊，在這對年輕夫妻所處的時代，這個數字遠遠超過一般家庭所得。牛頓的父親於三十六歲過世，死因至今仍然是個謎。

依照倫敦的標準，牛頓家稱不上富裕，但一家人過得相當舒適。漢娜繼承了丈夫的土地，以及土地上的一切財物，包括房舍、穀倉、羊隻、牛群和農具。漢娜學會如何管理農場以及在農場工作的工人。漢娜絕對有充分的理由相信新生的寶寶長大以後會繼承農場，並像他的父親一樣經營農場。

牛頓家鄉的地名充分反映了當地人養羊維生的狀況（譯注：伍爾斯索普的原文為 Woolsthrope，而 wool 意為羊毛）。伍爾斯索普位於林肯夏郡，距離通往倫敦的主幹道北邊只有大約 1.6 公里。即使如此，在牛頓的時代，大部分的人很少旅行。許多人一輩子待在家鄉，不曾去過連離家只有幾公里遠的地方。

艾薩克寶寶與母親漢娜、外祖父詹姆士、

牛頓童年時期在英格蘭伍爾斯索普的家。

19

外祖母（名字已不可考），同住在伍爾斯索普的莊園裡。但是牛頓在將近三歲、經過「幼兒禮」（即不再穿嬰兒服，開始做小男孩的打扮）後，他的人生出現了轉折。離伍爾斯索普幾公里遠的北威特姆，有位頗富聲望、名叫巴那巴斯・史密斯的教區牧師，他的妻子過世，正在物色續弦的對象。漢娜・牛頓的名字引起他的注意。這名鰥夫派信使探問漢娜是否考慮嫁給他。

在那個時代，剛失去丈夫或妻子的人不會獨身守寡太久。在史密斯牧師眼中，漢娜是一個好對象，因為她有土地，顯然也能生育。對漢娜來說，嫁給收入穩定又有地位的神職人員，表示她可以結束守寡的生活，同時卸下獨力經營農場的重擔。於是她同意嫁給史密斯牧師。

但是，這樁婚事還有個阻礙。史密斯牧師不願意和三歲的艾薩克有任何瓜葛。因此，漢娜一人搬進牧師位於北威特姆的家，把牛頓留在伍爾斯索普，由外祖父母撫養。幸好漢娜有為牛頓設想，她在離開前已經為牛頓的財務經濟做好萬全的準備。根據她與史密斯牧師的婚約規定，他必須保證牛頓擁有「一塊土地」（也就是漢娜在第一段婚姻中作為嫁妝的那塊土地），同時擁有土地產出的年所得。

被母親留在伍爾斯索普，牛頓很可能有種被母親拋棄、忽視的感覺。青年時期的牛頓曾在一本筆記裡留下他對此感受的蛛絲馬跡。他在筆記本裡憶及，當他是個小男孩時，曾希望史密斯家的房子失火燒毀。儘管如此，在漢娜有生之年，直到 1679 年過世前，牛頓都對她盡心盡力，甚至在她生病時幫她調藥。但是牛頓對撫養他長大的外祖父母並沒有什麼特別的感情。他離開伍爾斯索普後，未曾對外人提起過他們。

製作你專屬的「雜記本」

牛頓一生保存了大量的筆記本，記錄了他對各種主題的研究歷程。從自然哲學到數學，從煉金術到上帝的本質，幾乎沒有他不曾接觸過的主題。牛頓有一冊知名的筆記本，其實是他繼父的遺物。由於牛頓從來不曾住進史密斯家，他似乎是在史密斯去世後才繼承了那本幾乎完全空白的筆記本。1600 年代，這本筆記本是非常珍貴的物品，因為當時的紙張極為昂貴，人們根本捨不得丟棄。於是年輕的牛頓接手了筆記本，做為自己的實驗紀錄本。他特別把這本筆記稱為他的「雜記本」。

你可以製作自己專屬的「雜記本」，用它記錄你實行本書活動時的觀察結果。

所需材料：

◆ 鉛筆　◆一把剪刀　◆尺　◆打孔器
◆ 兩張厚紙板或薄磅卡紙（約為 22 公分 ×28 公分）

◆ 20 張高品質紙張
◆ 約 90 公分長的窄版緞帶或細繩

製作「雜記本」的封面，在兩張厚紙板上距離左緣約 3 公分處，用鉛筆輕輕畫一條線，尺對齊線，用剪刀順著尺「畫」線。在每張紙上順著線摺起來再打開，做出摺痕。這樣一來，封面就能俐落的翻開。

在兩張封面紙的內側，將尺對齊左緣，每 2.5 公分標示要打洞的位置，共 20 個。請注意，記號的間距要均等，與封面紙緣的距離也要一樣。

把兩張封面紙疊在一起，沿著左緣

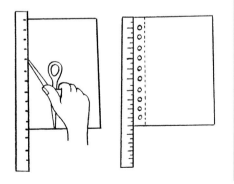

打孔。20 張高級紙也重複同樣的程序，做成你的「雜記本」內頁。

依序把封面、內頁和封底疊攏整齊。

現在要來裝訂你的「雜記本」，把緞帶或細繩對摺後放平，對摺處與「雜記本」底部對齊。拿起緞帶或細繩的兩頭，由下而上依序編繩穿孔。編繩穿孔方向為由前而後。

最後，緞帶或細繩的兩頭會在筆記本上端，先打個死結，再打個漂亮的蝴蝶結。

按照你的喜好裝飾你的「雜記本」……在你進行本書後續各項活動時，希望你用得開心！

國王、戰爭、死刑、獨裁者和國王

在牛頓童年時期，英格蘭發生一場血腥內戰，這場紛爭象徵王權和「民」權的衝突。英王查理一世的政府在保皇派的支持下與國會對抗；英國國會是由商人和農人組成的立法機構。

英王查理一世
（1600-1649）

雙方在宗教信仰上也互相猜忌。保皇派屬於英格蘭教會，也就是聖公會；而國會的清教徒不喜歡聖公會主教，因為他們「天主教般」的言行舉止，使得他們看起來就像天主教徒。清教徒希望淨化英格蘭教會，推行恪守以《聖經》為基礎的樸實生活。

查理王犯了一個致命的錯誤。1629年他解散國會，專獨統治英格蘭長達11年。到了1648年，隨著戰爭爆發，憤怒的國會士兵擊潰保皇派的軍隊，並囚禁了查理一世。他們判查理王叛國罪；1649年1月，在倫敦宮殿外，查理王上了斷頭臺。身故國王的繼承人查理王子逃亡到法國。

1653年，國會推舉清教徒軍隊的英雄克倫威爾擔任護國公。在克倫威爾的統治下，英格蘭人的生活改頭換面。清教徒關掉劇院，禁止耶誕節的縱情歡樂。保皇派花俏華麗的服飾也被清教徒樸實無華的衣著所取代。

克倫威爾（1599-1658）

克倫威爾准許新教徒和猶太教徒在英格蘭敬拜，卻禁止羅馬天主教徒公開舉行儀式。非天主教徒與天主教徒之間一如往常般互不信任。

清教徒脫離英格蘭教會，在新世界建立宗教社群。（美國國會圖書館 LC-H824-T01-P01-057）

1658年，克倫威爾過世，這時的英格蘭人已經受夠了清教徒的統治。國會請查理王子返鄉；1660年，查理王子在號角聲中抵達英格蘭。英王查理二世的登基就是史上知名的「王政復辟」。

英王查理二世
（1630-1685）

在有「歡樂王」之稱的查理二世統治下，倫敦人展開一場長達25年的歡宴。咖啡館開張、劇院裡舞臺華燈明亮，女人也能粉墨登場。英格蘭的作家、詩人和劇作家各家爭鳴，百花齊放。倫敦成為歐洲文明的燈塔。

牛頓十歲時，漢娜回到了伍爾斯索普。年齡大到足以當牛頓的祖父的史密斯牧師於 1653 年去世了，留下了三個和漢娜生的孩子。漢娜帶著三個和牛頓同母異父的弟弟妹妹回到伍爾斯索普。現在，牛頓必須和三個小孩，班哲明和瑪麗，以及也叫漢娜的嬰兒一起分享母親的關愛。

如同伍爾斯索普附近村莊的許多小男孩，牛頓在村裡的學校學習一些讀書和寫字的課程，女孩如果要學習讀書寫字就在家學。他同學的父母只希望兒子的程度足以閱讀《聖經》，過著虔誠的生活長大成人。牛頓同學的家裡即使有書，也沒有什麼值得閱讀的。

但是牛頓在伍爾斯索普的家裡有書可讀。漢娜回來時，馬車裡裝載著許多從死去的丈夫的書房帶來的書。牛頓一定注意到那一冊冊、原本屬於他那個陌生繼父的皮面精裝書。在 1600 年代，別說是小小的伍爾斯索普，即使是整個英格蘭及歐洲，書都是稀少而珍貴的。在那堆書中，有一本幾乎完全空白的筆記本，原是史密斯牧師用來記錄他對上帝的重要想法，那些空白頁都是珍貴的厚磅紙，丟棄實在太可惜了。牛頓日後在上頭寫滿了他精采絕倫的構想。

從敬陪末座到名列前茅

牛頓十二歲了，是時候就讀更大、更好的學校。這時的漢娜已經是個富婆，格蘭特罕的國王中學似乎更適合她兒子。格蘭特罕是個較大的城鎮，距

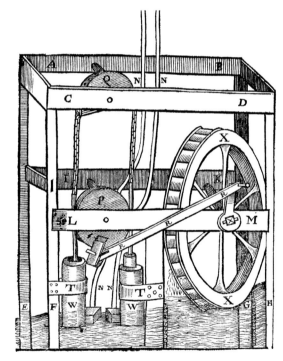

這張水車圖出現在某一本牛頓可能閱讀過的書中。（格拉斯哥大學圖書館，特別館藏區）

製作水車

牛頓還是個小男孩時，曾觀察磨坊如何運用河流的水力，把麥子磨成麵粉。而後他自己製作小型水車，研究它們究竟是如何運作的。

你也可以像牛頓一樣製造水車，測試它能舉起多少重量。（不過，你不必像牛頓一樣抓一隻老鼠來做實驗！）（本活動需由大人陪同）

所需材料：

◆ 塑膠杯　◆ 麥克筆　◆ 尺
◆ 剪刀　◆ 萬用膠帶
◆ 硬質塑膠吸管　◆ 空的捲線軸
◆ 兩公升的汽水保特瓶
◆ 粗縫線或牙線
◆ 迴紋針或小型彈簧夾
◆ 墊圈或有孔砝碼

要製作水車，先從做 6 扇葉片開始。用麥克筆在塑膠杯上畫出剪裁線，剪下長 6 公分、寬 3 公分的 6 個長方形。

剪下 12 段萬用膠帶，每段長 6 公分、寬 1 公分。用膠帶把塑膠葉片的長邊黏在線軸上。每片葉片的間距要相等，角度要相同，並確定它們朝同一個方向彎曲。

吸管穿過捲線軸心，在線軸兩側的

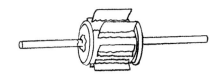

孔貼上膠帶加以固定。

接下來的這個步驟你會需要大人幫忙，因為保特瓶比你想像中的還難切割！把兩公升保特瓶的上部切掉，取底部的圓筒。在圓筒上緣的兩個對稱處剪兩個 V 形切口。距離瓶底約 2.5 公分高的地方打幾個洞，做為排水孔。

把水車輪軸架在圓筒的兩個 V 形切口上。在吸管的一端，剪兩道 2.5 至 5 公分長的剪口。

剪一段長約 40 公分的粗縫線或牙線。取一段細膠帶。將線的一端穿入剪口，用細膠帶貼好固定。迴紋針綁在線的另一端，在迴紋針掛上墊圈或砝碼。

把水車放入水槽，讓砝碼或墊圈自然垂放。現在，慢慢打開水龍頭，讓水流足夠推動水車。水車能拉起砝碼或墊圈嗎？需要多少水力？你的水車能拉得動 2 到 3 個墊圈或砝碼嗎？

離伍爾斯索普約約 9.6 公里。由於距離遙遠，牛頓無法走路上學，所以他借住在克拉克先生位於格蘭特罕的家。克拉克先生是鎮上的藥劑師，擁有一間藥局，他在那裡為病人調製藥品。

克拉克先生與他的妻子和繼子女住在藥局樓上，牛頓也搬來與他們同住。牛頓和克拉克先生的繼女變成朋友（但她的名字已不可考）。反觀牛頓與克拉克的兩名繼子，艾德華和亞瑟，他們相處的情況就不同了。牛頓的個頭比同年齡的男孩小，加上他的怪異習慣，使得他成為這兩個男孩捉弄的對象。在學校也一樣。牛頓就是難以融入其他男孩的群體中。

牛頓大部分時間都活在自己的世界裡。他喜歡獨來獨往，花很長的時間獨處。但他沒有虛度光陰。他喜歡運用雙手，是個才華洋溢的藝術家。牛頓用怪誕的野獸畫、查理一世（在英格蘭王之中最有知名度並受人民喜愛）的畫像，和史托克斯先生（學校老師）的肖像，來裝飾他在頂樓房間的牆面，對此，克拉克先生並不在意。

牛頓也喜歡製作複雜的機械模型，例如時鐘和水車。他設計並打造了一具水鐘，掛在克拉克先生的家裡。牛頓也在一樓的藥局裡觀察藥劑師如何混合化學物，創造新物質。

格蘭特罕架起第一座風車磨坊時，牛頓也製作了一個小型的複製品。他把設備套在一隻老鼠身上，把牠取名為「磨坊工」，看著牠讓磨坊輪子轉動。牛頓不只製

1858 年 10 月 2 日《倫敦新聞畫報》的一張插圖，描繪「格蘭特罕牛頓爵士銅像落成典禮」。

作小模型，也自製小型工具，做為做手工的輔助用品。他喜歡克拉克先生的繼女和她的姊妹淘們，他「經常為她和她的玩伴做一些小桌子、櫥櫃和餐具，用以收藏她們心愛的物品和首飾」，有人這麼回憶道。有一次，牛頓打造出一輛車，他坐進去，轉動曲柄，車子也跟著前進，女孩們這時一定覺得牛頓真是個才華出眾的男孩。

雖然牛頓在製作東西方面顯得聰明又靈巧，可是他在學校課業上並沒有展現出什麼天賦。格蘭特罕的學校按照成績為學生排隊伍的次序。牛頓幾乎排在最後面。然而當有一天，一個排在他前面的男孩重重的踢了他肚子一腳之後，情況就改變了。牛頓決定以牙還牙，也是自此開始，採取報復的習慣成為他一生常有的行為模式。那一次，他在操場對著攻擊者點名叫陣，痛打對方一頓，把對方摔到教堂牆上。此後，艾薩克・牛頓絕對不准任何人把他當傻瓜。

接著，牛頓用另一種方式報復其他男孩。他認真的審視他的學校課業，認為自己的表現應該排在前面。成為國王中學的「第一名男孩」才是最痛快的報復，而牛頓也真的贏得這個夢寐以求的位置。現在，他想要盡他所能學習一切。他精通拉丁文，這是全歐洲受過良好教育的人用來寫和說的語言。他研習希臘文，以求更了解蘇格拉底、柏拉圖和亞里斯多德等學者的思想和研究。

牛頓也學習基本的算術，可能還包括一點乘法和除法。代數和幾何學不在國王中學的課程裡。牛頓在那裡求學時，數學並不在重要學科之列，只有木匠和造船工人這一類的手藝人需要學習幾何學。然而，當史托克斯老師看

出牛頓的天分，他可能已經將他所知的數學知識傾囊相授。

　　牛頓也學會「速記法」，類似今天用的簡訊。在那個時代，學生用鵝毛筆蘸墨寫字，結果通常都寫得滿紙髒亂，因此速記不失為是實用的方法，便於寫信和閱讀時做筆記。牛頓和同學所使用的英文，寫法和發音都和現代英文不同。例如，他用「ye」表示「the」，以「yt」表示「that」，用「wch」代「which」，以及「yn」代「than」。

　　牛頓的英文拼字也不同。他有一本筆記裡有這樣一行標題：

Of ye Sunn Starrs & Plannets & Comets.

　　（譯注：依照現代的英文用法，這句話是 Of the Sun Stars & Planets & Comets，意即「談太陽恆星、行星和彗星」。）

　　在那本筆記本裡，他寫下製作金色墨水的方法：

如何寫出金色？

拿一顆新鮮雞蛋，在一端開一個小洞，讓蛋液流出來。取蛋黃，不留蛋白。加入 4 倍的水銀，混合均勻後倒回蛋殼裡，用白堊加蛋白封住小洞。把蛋放回雞窩，與其他蛋一起讓母雞孵。三個星期之後取出並破殼，內容液即可用於書寫。

　　牛頓就讀的學校，位於一個許多人都目不識丁的城鎮。他大部分的英格蘭同胞，生活單純，對於周遭的世界不會問太多問題。許多人沒有鐘可以標記每日時光的流逝，於是他們根據太陽在天空的位置推估大概的時間。有些

自己做寫字用的墨水

牛頓的墨水配方取材自大自然：蟲癭（五倍子）、阿拉伯膠、啤酒或艾爾酒，以及「硫酸亞鐵」。

製作優質墨水（出自右頁牛頓筆記）

將約 0.2 公斤的蟲癭切塊或敲碎，並將約 0.1 公斤的阿拉伯膠切開或壓碎，把它們加進約 1 公升的烈啤酒或艾爾酒中。密封靜置一個月，偶爾攪拌一下。一個月後，加入 1 或 1.5 單位的硫酸亞鐵（加入太多硫酸亞鐵，墨色會變黃）。攪拌後使用。將墨水倒在布滿細孔的紙上，靜置於陽光下一段時間。用烈啤酒製造的墨水能維持很多年。水會讓墨水容易發霉，紅酒則不會。如果暴露於空氣中，墨水也容易發霉。我以新製墨水在此寫下這則筆記。

「蟲癭」意即櫟癭，是寄生在櫟樹上的結球物，內含豐富的單寧酸（酒和茶都含有單寧酸）。「阿拉伯膠」是一種萃取自相思樹的稠化劑。硫酸亞鐵是鐵和硫的化合物。你在家中可能找不到櫟癭和阿拉伯膠，但你還是可以用其他材料自製墨水，並用來練習寫字，就像牛頓時代的男孩和女孩一樣。（本活動需由大人陪同）

所需材料：

◆ 12 顆核桃　◆ 砧板　◆ 調理鍋
◆ 過濾器　◆ 有蓋的淺容器
◆ 1/4 茶匙的醋　◆ 舊式筆尖的筆（你可以在美術店找到書法材料）
◆ 你的雜記本（參閱 P21）
◆ 舊襪子　◆ 鎚子　◆ 水

1. 把核桃敲開取出果仁。
2. 把核桃殼放進舊襪子的前端趾部。
3. 墊好砧板，用鎚子砸碎核桃殼。
4. 把核桃殼放進調理鍋，加水到剛好淹過核桃殼。
5. 加熱煮至水沸，鍋旁冒小泡泡即可，再用小火滾 30 分鐘。
6. 關火。讓核桃殼在水中靜置一夜。
7. 用過濾器濾掉核桃殼，將汁液裝進容器中。
8. 加入醋。

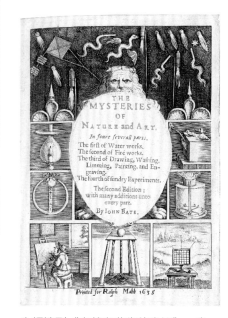

牛頓讀到《自然與藝術的奧祕》一書，從中學會如何製作墨水。（格拉斯哥大學圖書館，特別館藏區）

你現在可以用你做的墨水寫字了。小心的用筆蘸墨，在廢紙上練習寫字。這沒有聽起來那麼容易。經過練習後，你就可以提筆在你的雜記本上寫下一些句子。

注意：手指和衣服沾到這款墨水會染色。使用時務必小心！

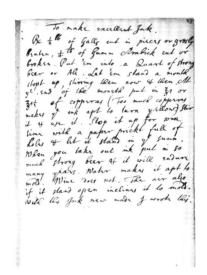

牛頓用他製作的新墨水，在筆記本中寫下「製作優質墨水」的筆記。

人家裡有玻璃計時沙漏，可以做為測量時間的工具。遇到緊急事件，有人會去教堂的高塔敲鐘，警示這個地區的所有住民。

牛頓出生的時代，知識分子已經接受「世界是圓的」這個觀念，但仍有些人拒絕相信地球繞著太陽轉。人們的生活緊貼著地球的規律變化，親眼見到的事物，難道會有假嗎？他們明明就看到太陽從東邊出來，行過天際，在西邊落下。

不過，還是有些觀念正在轉變。少數人開始用嶄新的觀點看世界，牛頓就是其中之一。他開始做實驗，研究他感興趣的事物，觀察並測量實驗結果。舉例來說，牛頓會注意映照在家中某面牆上的陽光，觀察光線每日、每週的移轉變

ISAAC NEWTON

化。他用釘樁在牆上標記光線的位置，並隨著春天白天變長、秋天白天變短而調整。日積月累下來，牛頓創造了一面相當準確的日晷，走過的人只要看一眼這面「牛頓晷」，就可以知道現在是什麼時間。

牛頓的鄰居相當迷信，認為農場誕生了雙胞胎小牛，是上帝震怒的徵兆；走在路上遇到黑貓從眼前經過，就要立刻禱告祈福；夜空裡出現彗星，厄運一定會隨之降臨。這樣的說法，英格蘭歷史上有「明證」，1066 年彗星出現後不久，英格蘭盎格魯薩克遜國王哈羅德在黑斯廷斯戰役中遭到殺害。哈羅德的敵人「征服者」威廉，聯合法國的諾曼人占領了英格蘭，英格蘭從此萬劫不復。

牛頓有時候會利用別人的迷信惡作劇。至少有那麼一次，他成功的嚇壞了一群人，他做了一些風箏，在風箏的尾端繫上點燭燈籠，入夜後將風箏放上天空。許多鎮民以為他們看到了彗星，害怕得要命。

"Homes of Famous Men"
WOOLSTHORPE MANOR, NEAR GRANTHAM, THE BIRTHPLACE OF SIR ISAAC NEWTON
Driven from Cambridge by the plague in 1665, it was while sitting alone in this garden that the idea of universal gravitation occurred to the young Isaac Newton—the result, it is said, of seeing an apple fall to the ground. Later in life he elaborated this discovery into his famous Law.
Portrait by courtesy of The National Portrait Gallery.
Ty.phoo Series of 25　　No. 15

就像棒球卡與其他種類的運動和比賽項目，在 1900 年代初期，蒐藏家之間也曾流行以牛頓為主題的卡片。（上）香菸卡，描繪年輕的牛頓正在製作風車磨坊模型。（下）茶葉卡，畫的是較年長的牛頓，以及他在伍爾斯索普的家。

這張貝葉掛毯呈現出彗星預言了盎格魯薩克遜國王哈羅德的噩運。掛毯是由一群婦女（可能是修女）以手工一針一線在長幅的亞麻布上刺繡而成。征服者威廉入侵的故事，順著布帷的開展，一幕幕躍然毯上。

笨手笨腳的農夫

1650 年代晚期，牛頓已是個十幾歲的青少年，他的母親要他從格蘭特罕回來。漢娜認為牛頓在國王中學的學習已經足夠，可以開始管理她的土地。家裡有牛羊要養，有稻草要把，有房舍和籬笆要修，還有僕人要管。這些都是重責大任，而漢娜堅信，牛頓肩負未來地主責任的時候到了。

沒多久，僕人們就發現牛頓不是當羊農的料。在應該看管牲口時，他卻坐在樹籬下看書。當他和一名僕人一起去格蘭特罕的市集時，他成天窩在克拉克先生家他以前的房間裡看書，讓僕人做他應該做的工作。有一天牛頓騎

亨利八世與三一學院

1661 年 6 月，牛頓在學生註冊單上簽名，正式進入三一學院。三一學院的財富都是拜它的創辦人——惡名昭彰的英王亨利八世所賜。

亨利八世最為當今世人所知的是他有 6 任妻子。亨利八世原是羅馬天主教徒，誓忠於天主教的領袖，也就是羅馬教宗。然而，在 1531 年，他與天主教會決裂，教宗不肯批准他離婚。亨利八世想要兒子，但他的第一任妻子「阿拉貢的凱瑟琳」為他生的是女兒。

亨利必須和凱瑟琳離婚，才能娶在宮廷裡深深吸引他的安妮·博林。教宗拒絕了。離婚違反教會的律法，即使是國王也不能破例。因此，亨利成立英格蘭教會，自封為「最高領袖」，批准自己的離婚案。而後他娶了安妮，但安妮生的也是女兒。

亨利必須措籌財源以治理英格蘭，於是他摧毀天主教會和修道

英王亨利八世（1491-1547）

院，搜刮它們的財富，收歸君王所有。接著，他的注意力轉向財力雄厚的大學，如劍橋和牛津。劍橋大學開始出現謠傳，說國王的人馬就要奪取大學的財產。

這時的亨利八世已是個病重的老人。據說他的第六任妻子凱瑟琳·帕爾與劍橋大學關係友好。她巧妙的建議亨利，在劍橋大學成立皇家的學院，以教育效忠於君王的領袖。

此外，亨利是虔誠的基督教徒，為自己靈魂未來的處境感到憂慮。亨利八世在 1546 年，也就是他駕崩的前一年，成立了三一學院。他選擇「三一」做為學院名稱，用意是表彰基督教義，也就是聖父上帝、聖子耶穌和聖靈三位為一體。亨利想要在前往下一世之前討上帝的歡心。

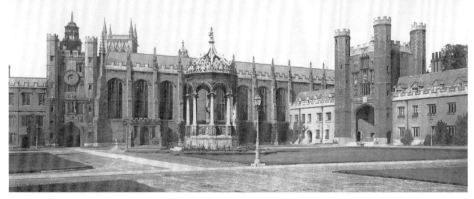

三一學院。（美國國會圖書館 LC-DI G-ppmsc-08091）

馬回家，途中他下了馬，牽著馬兒走上山丘。不知怎的，馬的轡頭掉了，但是牛頓從頭到尾都沒有發現，就這麼拉著身後沒有轡頭的馬，繼續往回家的路上走。確實，牛頓務起農來，狀況慘不忍睹；而務農的他，也是滿懷愁苦。

　　幸運的是，這時牛頓的生命中出現了兩個男人與他母親交涉。一位是漢娜的弟弟，也就是牛頓的舅舅威廉，另一位是他學校的老師史托克斯先生。他們登門拜訪漢娜，為牛頓說情，請她讓牛頓回到國王中學。史托克斯先生甚至同意減少牛頓的學費，希望能藉此打動牛頓吝嗇的母親，同意讓牛頓繼續學業。

　　兩人都認同牛頓天生就是讀書學習的命。只要再經過幾個月的準備，他就有能力進入劍橋大學就讀。對於牛頓要進入劍橋哪一個學院，威廉舅舅心中已有定見，就是他唸劍橋時一樣的學院，三一學院。

　　牛頓回到格蘭特罕的克拉克家，搬進之前住的房間。在就讀國王中學的那幾年中，應該曾有一段時間他和克拉克先生的繼女之間產生了一些浪漫「情愫」。多年之後成為「文森太太」的這位女子，提到她與牛頓在青春歲月裡共有的溫馨情感，她說她是在牛頓離開去唸大學之後，才嫁給別人。牛頓自己倒是從來沒有留下關於她的隻字片語。

　　史托克斯先生使出渾身解數教導牛頓，幫助他準備三一學院的入學考試。很快的，這一天到來，牛頓離開林肯夏郡，動身前往劍橋這座位於約 97 公里外的城市以及同名的大學。途中，牛頓在伍爾斯索普稍作停留，收拾幾樣個人物品，並向家人告別。那時正值初夏時節，正是飼羊農場最需要壯丁的時候。

歐洲地圖，印製時間約
西元 1700 年。（美國國會
圖書館 G5700 17—.S4 TIL）

Chapter 2

在劍橋求學的歲月

多麼漫長而奇特的旅程！前往劍橋之路全長 97 公里，在牛頓眼前鋪展開來。這條古道的開通可以追溯至羅馬管轄大部分英格蘭的時期，而現在，它是帶領牛頓追求教育和機會的康莊大道。

這條路帶領十八歲的牛頓遠離他原本所熟知的一切——住在小小的伍爾斯索普的母親和同母異父的手足，還有他在格蘭特罕小村莊裡的學校。牛頓繼續騎馬前行，花了三天時間終於從伍爾斯索普抵達劍橋。

1661 年 6 月，牛頓進入跨越劍河兩岸的劍橋小鎮。在西元 1 世紀，羅馬人發現在他們為軍隊從科赤斯特移駐林肯夏郡而鋪設的道路上，劍橋位居關鍵連通位置，於是他們在此建置了軍事要塞。700 年代晚期，橋梁完工，劍橋從兩個隔岸對望的小村落，發展為繁榮的市集城鎮，成為走水路的旅客與循羅馬舊道而來的商人往來的理想地點。

劍橋是個生氣蓬勃且喧鬧的小鎮，也是同名劍橋大學的所在地。在路面粗糙不平整的街道上，大學師生與鎮民摩肩擦踵而過。很簡單就可以分辨誰是鎮民，誰是大學裡的人。大學師生身著學袍，頭戴方帽，袍帽代表他們在大學裡的地位，以及所屬的學院。劍橋大學有些學院早在 1200 年代晚期就已存在。有些學院的名字，如國王學院、皇后學院、耶穌學院、三一學院等，反映了大學與倫敦的王室以及英格蘭教會之間的關聯。

　　今日，劍橋是全球頂尖的一流大學，但是在 1661 年，它教授的課程實在不值一提。在倫敦，國會成員聽到報告指出，歐陸的年輕人正在學習諸如化學、解剖學、植物學、數學和歷史學等學科，然而英格蘭自家的子弟，在劍橋學習的課程卻不如歐陸先進。英格蘭與歐陸不過隔著一道約 48 公里寬的英吉利海峽，但是在法國、德國和義大利的新觀念卻很晚才傳入劍橋，也很慢才獲採納。

劍橋早期的西側風光。

古希臘人的建築理念是以幾何學為基礎。美國國會山莊建築正是古典希臘建築的晚近範例，展現出以簡單幾何圖形為基礎的風格。（國會建築師機構）

落伍的宇宙觀

　　牛頓開始在劍橋求學時，學生學習的是早期希臘人的世界觀，尤其是最知名的希臘思想家亞里斯多德的學說。西元前 384 年至 322 年，亞里斯多德居住在雅典居住。那段時間是雅典的黃金時期，西文文明與西方的知識體系在這個小小的城邦孕育而生。亞里斯多德死後，一直到 1600 年代中期，他的思想仍主宰後世學者長達兩千年。牛頓和其他人在劍橋求學時，還在研習他的思想。

正在工作的亞里斯多德，一名中世紀藝術家的作品。（美國國會圖書館 LC-USZ 62-110306）

牛頓藉由閱讀古希臘經典得知，希臘人追尋的是宇宙的完美。他們相信，簡單最美，這個理想成為希臘文明的基調。舉例而言，牛頓很快就領略到希臘建築的基本理念來自希臘數學，強調直線、正圓和簡練的幾何圖形，如正方形和長方形。

牛頓繼續深入理解亞里斯多德的世界觀。這位希臘哲學家想像宇宙可以一分為二：其中一部分是地球和月球；另一部分則是地球與月球以外的事物。亞里斯多德寫到，在地球的界域（即「地上」），所有物質都是由土、水、風和火這四種元素所組成。在地球與月球的體系中，不完美和變動都是正常的，一如月亮每天晚上都會改變它的樣貌。

然而，亞里斯多德對於月球以外世界的想像卻截然不同。在月球以外，有個完美的地方名為天界，也就是我們現在所謂的「外太空」。所有物體依循正圓運行，永遠井然有序，一切都完美無瑕，沒有任何事物會變動，絕對沒有。

亞里斯多德主張太陽和行星也都依循著正圓軌道繞著地球運轉。中世紀時期，天主教修士認同亞里斯多德的觀念，並將這些觀念融入羅馬天主教的教義。太陽和五個行星（當時僅能觀測到的行星數量）分別在各自的透明球體裡，繞著地球運轉。球體層層包覆套疊，構成一個多層次的宇宙。

亞里斯多德也相信上帝掌管著宇宙，使得所有事物都保持恆常運動。他更表示這個「至高存有」不仰賴任何事物就能讓宇宙運行，這是自然「天生」。亞里斯多德認為，「至高存有」就是萬事萬物「不動的推動者」。

亞里斯多德對上帝的觀念也與中世紀的天主教學者一拍即合。亞里斯多

月的盈缺

你可能會認為月相的盈虧是地球投射在月球的陰影所造成的。非也！月相取決於地球和月球之間，以及兩者與太陽之間的相對位置。月相的完整週期是 28 或 29 天，稱之為「太陰周」。你可以透過這個活動裡自行觀察太陰周。

所需材料：

◆ 落地燈或桌燈
◆ 細的棍子，像是筷子或鉛筆
◆ 約 15 公分的發泡球
◆ 黑暗的房間

移除燈罩，把燈放在房間裡的空曠處。你要有足夠的空間能夠伸長手臂旋轉。

把棍子插入發泡球，這代表月球，燈是太陽，而你的頭是地球。

關掉房間的燈，獨留做實驗的燈亮著。

新月　娥眉月　上弦月　盈凸月　滿月　虧凸月　下弦月　殘月

面對燈，右手拿球，手臂伸直，球略高於燈。你會看到球的表面是暗的，我們稱這個月相為「新月」，或「月之暗夜」。

慢慢左轉，你會觀察到月球表面出現像是指甲的一小彎光亮處。這就是娥眉月（waxing crescent，「waxing」意為成長，因為接著月球亮面會愈來愈多）。

繼續左轉至月球有一半是亮的，這就是上弦月階段。轉到這裡，你現在偏離「太陽」多遠？繼續你的旅程，月亮會愈來愈滿，變成盈凸月（waxing gibbous，「gibbous」就是形容比半圓大、但比滿月小）。

當你轉至背對太陽，月球的外觀如何？（應該是完全被照亮。）這時出現在你眼前的就是滿月。

到這裡你已經歷經一半的太陰周。

繼續慢慢往左轉，完成剩餘的太陰周。你的月球會歷經虧凸月（waning gibbous，「waning」意為縮減），再到下弦月階段。

最後，太陰周在殘月劃下句點，這時你又再度面向光源。

想一下：如果要示範月蝕，你該如何擺放月球模型？

多想一下

你可能想要追蹤月相變化。月亮大約每 25 個小時升起，天氣預測報告通常都會記載月升時間。顯然，有時候看不到月升，是因為你睡得正熟。有時候，月亮是在大白天升起，橫跨天空，而隱蔽在日光裡。不過，你仍然可以在一、兩個月內，每天用「雜記本」記錄月亮的盈虧。

德對「至高存有」的信念，與基督教相信的上帝無生之始、無命之終相當契合。基督教領袖也認同亞里斯多德的主張，認為地球（以及上帝創造以管理全地球的人類）是萬物的中心。這個觀念稱為宇宙「地心說」。

到了 1600 年，也就是中世紀結束後數百年，劍橋的教授仍然認為亞里斯多德的世界觀是正確的。他們會這樣想情有可原。日復一日，他們看著日升日落，每 28 天，月亮的盈虧完成一個週期，從細細小小的彎月，逐夜盈補直到滿月，接著再漸漸缺蝕，直到全部藏在黑暗裡。世人也可以用肉眼追蹤火星和金星在星空中漫遊的軌跡；「行星」（planet）的原意正是「漫遊者」。

如果備受尊崇的亞里斯多德認為地心說無懈可擊，大部分的劍橋人當然也不會有異議。但是當牛頓 1661 年抵達劍橋時，歐陸天文學家正在掀起一場顛覆學習的知識革命。亞里斯多德的宇宙地心說開始式微。

天文學家推翻亞里斯多德學說

亞里斯多德的地心說模型引起一些天文學家的困惑。1514 年，波蘭神父哥白尼宣稱亞里斯多德和天主教會的主張是錯的。位於宇宙中心的不是地球，而是太陽。這個體系稱為日心說。雖然哥白尼還無法證明，但他的發現是個極為重要的觀念。

1500 年代晚期，富裕的丹麥天文學家第谷・布拉赫成立了歐洲設備最好的天文台，記錄了大量關於行星和恆星位置的資料。1572 年，第谷發現一顆

超新星（爆炸的恆星），證明它的位置遠在月球之外，根據教會神父的說法，這樣的現象是不會發生的。第谷主張行星繞著太陽運轉，行星與太陽又繞著地球轉，並稱此為第谷體系（以布拉赫的名字命名）。

1600 年，年輕的數學家克卜勒拜訪第谷，當時第谷受到捷克的神聖羅馬帝國邀聘進行研究工作。第谷保存了極為優質的紀錄資料，但他一直沒有足夠的能力以數學描述日月星辰運行背後的偉大設計，他希望克卜勒能找出宇宙奧祕的公式。但是克卜勒有自己的想法，他打算運用第谷的資料，建構出宇宙新觀念的藍圖。

1601 年，第谷去世，克卜勒遞補了他的位置。就像其他人一樣，克卜勒認為行星依循正圓軌道運行，於是他搜尋第谷關於火星運行軌道的紀錄。克卜勒的方法不是套用圓形軌道的觀念以解讀第谷的資料，而是直接研究數字透露的事實是什麼。他發現火星的運行軌道不是正圓，而是稍微扁平的圓形，也就是橢圓形。

克卜勒在 1609 年發表他石破天驚的重大發現，但是大部分天文學家都對他的理論置之不理；畢竟，假設行星不以正圓軌道運行，實在太不可思議。

偉大的伽利略

數學教授伽利略（1564-1642），於 1592 年至 1610 年在義大利威尼斯共和國的帕多瓦大學任教。一如其他自然哲學家，除了數學，伽利略也講授其

他各種科目，包括工程學和天文學。他微薄的薪資反映出當時數學和自然哲學在帕多瓦低落的地位。

1608 年，伽利略聽聞荷蘭有人發明了一種新「玩意兒」：望遠鏡。伽利略是個天才，他很快就領略到如何在他喜愛的研究中運用這種儀器。伽利略用威尼斯出產的高品質玻璃打磨成透鏡，安裝在長管裡。如此一來，他有望遠鏡在手，可以將遠方的物體放大 8 倍。後來他又製作出更好的望遠鏡，具備 20 至 30 倍的放大功能。

伽利略把望遠鏡對準月球。他花了一些時間才明白他所觀測到月球表面不規則的陰影究竟是什麼。不過，一旦他理解所看到的現象，他意識到這是一項重大發現。月球不是亞里斯多德所以為的完美物體，它的表面就像地球

哥白尼（1473-1543）

第谷（1546-1601）

克卜勒（1571-1630）

表面一樣粗糙起伏，處處高山，且布滿巨大坑洞。伽利略又用望遠鏡觀察木星，映入他眼簾的不只是一顆色彩豐富的龐然巨星，還出現四個奇妙的驚喜，那就是木星的四顆衛星。

1610 年，伽利略出版了《星星的使者》這本小書，將他的發現公諸於世。他精心為木星的四顆衛星取名為「梅迪奇之星」，並把這本小書獻給當時統治佛羅倫斯城邦的權貴──梅迪奇家族。正如伽利略的期望，他很快就收到梅迪奇大公科西莫二世的請帖。不久之後，伽利略投靠有權有勢的梅迪奇家族，在金碧輝煌的宮廷裡位居首席數學家和哲學家。

「佛羅倫斯」這個名字在拉丁文意指花朵（flora）。佛羅倫斯一如其名，是義大利城市的瑰寶，位居文藝復興的核心重鎮。在這裡，梅迪奇的宮廷閃爍著知識的光芒。在梅迪奇家族的帶頭下，一群歐洲貴族的宅邸高朋滿座，各路專家在此雲集，研究文藝復興時期各個令人心神嚮往的主題。他們的賓客有工程師、地圖繪製師、天文學家、外科醫生和藝術家。天主教修道院不再是教育的中心。歐洲的貴族家族支付門客薪酬，成為新知識的贊助人。

伽利略向一群義大利仕女展示一具望遠鏡。（美國國會圖書館 LC-USZ62-110447）

伽利略在成長過程接受亞里斯多德的學說，認為物體落下的速度與重量成正比，換句話說，物體愈重，掉下來的速度愈快。這個觀念看似合理，從建築物屋頂落下的磚瓦，似乎會比木片更快著地。可是當伽利略經過深思熟

慮後，卻有了完全不同的結論。他的理論是，在真空環境中，所有物體落下的速度都一樣，他稱之為「自由落體定律」。伽利略進一步主張，在地球上，空氣會阻礙自由落體。因此，物體落下的高度愈高，落下的速度愈快，以「終端速度」為其極限。

據說，伽利略為了測試他的新概念，曾爬上比薩斜塔，從塔頂把鉛球往下丟。這很有可能只是為了增加故事性所杜撰出來的，但伽利略確實曾讓不同大小的青銅球從平坦的長斜坡滾下來加以測試，而實驗結果與他的推論相同。球的速度與滾動時間成比例增加，但是和球的質量無關。

接著，伽利略轉而思索拋射體的問題，如箭、矛、炮彈和火箭。他說，首先，拋射體遵循自由落體法則，在丟擲或發射出去後，終究會落回地面。他接著推論，它們之所以能保持飛行狀態是因為慣性。移動中的物體除非遇到外力阻止，否則會維持移動狀態，這就是慣性。

慣性的概念與亞里斯多德的世界觀正面衝突。亞里斯多德認為，物體之所以會移動，是因為外力使然。但是伽利略表示亞里斯多德錯了。慣性就是會存在，事情就是這樣；拋射體一旦進入空中飛行，就沒有外力一路推著它走。伽利略再一次在他邁向新觀念的路上，批駁了舊觀念。

現在的伽利略終於飛黃騰達，不但收入優渥，也深得佛羅倫斯權貴人士的尊崇。他昭告世人，他認同哥白尼大膽的觀念。他的觀察驗證了哥白尼的理論，也就是地球繞著太陽運行。伽利略宣稱，地球只是一顆普通的行星。

這樣的言論使得伽利略得罪了義大利的另一方權勢，羅馬天主教會。教會的教義主張上帝把人類安置在地球，是上帝所造萬物的中心。天主教會有

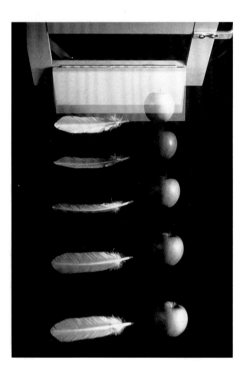

在沒有空氣的真空室裡，一顆蘋果和一根羽毛落下的速率一模一樣。© Jim Sugar

44

一種特別法庭，叫作宗教法庭，以異端罪名起訴伽利略；異端是指伽利略的觀念違背教會的正宗信仰。伽利略可能會被綁在柴堆上燒死。萬一宗教法庭判他是異端分子或非信仰者，他只有死路一條。

伽利略啟程前往羅馬，面對在宗教審判過程中控告他的人。這時的伽利略已經是個老人，儘管他深明真理何在，仍然承認了他的「罪」。伽利略的餘生都在居家軟禁中度過。年屆七十又半盲的他，卻仍持續進行研究，進而完成了另一本精采的著作：《論兩種新科學》。

伽利略在新書談論如木頭和大理

伽利略的天文發現違背了羅馬天主教會的教義，因而被迫出席宗教法庭。（美國國會圖書館 LC-USZ62-11047）

石等一般物質的強度、液體的特質、氣體的重量，以及鐘擺運動。在書的後半部，他繼續討論運動的本質。不過伽利略的思維不曾真的深入到觸及重力觀念。樹立這個里程碑的自然哲學家另有其人，那就是牛頓。

伽利略逝世於 1642 年。而後不到一年時間，牛頓誕生了。（關於伽利略的故事，請參見《跟大師學創造力 1 伽利略的大發現＋ 25 個酷科學活動》字畝文化出版。）

觀察鐘擺運動

伽利略看著教堂天花板垂掛的吊燈擺動，注意到擺動來回一次的時間總是保持一致，彷彿時鐘下方擺錘的擺動。擺錘的完整「週期」（來回一次），會隨著擺線長度改變，但與擺錘重量無關。不管有多重，只要能在相同時間裡永遠擺動相等距離，就是一個理想的擺錘。

你可以親自測試伽利略的理論。

所需材料：

◆ 剪刀 ◆ 迴紋針 ◆ 膠帶
◆ 風箏線、釣魚線，或任何質地硬挺的細繩
◆ 各種重量的砝碼（墊圈或釣魚鉛墜也可以）
◆ 一名幫手協助計時和記錄
◆ 有秒針的鐘或錶

1. 剪一段長約 76 公分的線，在一端綁一枚迴紋針，並在迴紋針上掛一個墊圈。

2. 線的另一端用膠帶貼在桌緣或檯面上，讓另一端的重物可以自由擺動。

3. 從桌子後方拉起垂掛的重物，線要拉直，直至與地面呈現平行。幫手一喊「開始」就放手，讓擺錘自由擺動。計算擺錘在 15 秒內擺動的次數。（擺動一次是指擺錘來回一次。）

4. 前一個步驟重複數次。將你的觀察結果記錄到雜記本中；下一頁的表格可以作為記錄格式的參考。

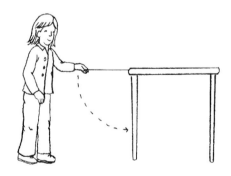

5. 現在，拉起擺錘至擺線與桌腳呈 45 度角的位置，也就是第一次實驗的一半高度。先想一下：「擺錘在 15 秒內會擺動幾次？」接著放手。實驗結果讓你覺得意外嗎？

6. 加上更多重量後重複實驗。你認為實驗的結果會如何？實際的結果又是如何？

7. 把繩子縮短為 98 公分，重複前述各項實驗。98 公分和 76 公分長的擺線，哪一種長度的擺錘在一分鐘內的擺動次數最多？哪種最少？造成實驗結果出現差異的原因可能是什麼？

我的實驗：觀察鐘擺運動　　　　實驗日期：＿＿＿＿＿＿＿＿＿

鐘擺資料表

擺線長度	擺錘類型	平行或 45 度	15 秒內的擺動次數 （來回算一次）

備注：＿＿＿＿＿＿＿＿＿＿＿＿＿＿＿＿＿＿＿＿＿＿＿＿＿

＿＿＿＿＿＿＿＿＿＿＿＿＿＿＿＿＿＿＿＿＿＿＿＿＿＿＿＿＿

＿＿＿＿＿＿＿＿＿＿＿＿＿＿＿＿＿＿＿＿＿＿＿＿＿＿＿＿＿

Chapter 3

特立獨行的牛頓

漢娜讓牛頓到劍橋大學唸書，卻在兒子的教育方面只花了少少的錢。拜牛頓繼父的遺產所賜，加上在伍爾斯索普的農場收入，漢娜成為富婆。但她不願意與兒子分享財富，至少不願意把錢花在大學教育上。

漢娜希望兒子留在家鄉成為農夫。牛頓重返格蘭特罕的學校時，她就堅持學費要減免。即使牛頓進入劍橋大學就讀，她的想法也沒有絲毫改變。漢娜為牛頓整理行李，她應該有財力能為兒子打點得風風光光，但卻只留了幾個銅板給他。這些錢只夠牛頓買必需品。牛頓在他的筆記裡記下他的開支項目，如蠟燭、墨水和墨水瓶，還有夜壺（顯然學生必須自行準備如廁容器，收在床底下）。

漢娜用行動明白的告訴牛頓，如果他真心渴望上大學，就要自己想辦法。於是牛頓以最低卑的公費生身分進入三一學院。

公費生像僕人一樣替三一學院的教授和有錢學生做事。或許是因為年輕的公費生不配與他服務的那些人平起平坐，關係沒有親近到能以名字互稱，於是在劍橋大家都只以他的姓氏「牛頓」來稱呼他。

牛頓位於社會階級的最底層。僵化的社會階級制度不但反映在劍橋大學三一學院，也反映在全英格蘭社會。1600年代中期，三一學院的學生大致可以分為三類，可說是英國社會階層的縮影。最上層是富裕的「紳士生」。他們出身富貴之家，靠著父輩對學院的捐款進入劍橋大學。這些年輕人即使蹺課仍然可以取得學業成績，也能和教授共進晚餐，不管怎麼胡鬧都能安然無事，即使是嚴重違規行為也能脫罪。

中層是「補助生」，是小生意人和基層神職人員的兒子，自己負擔部分就讀大學的費用。在上層學生眼中，補助生仍然是窮酸人，因為他們缺乏上層學生擁有的上流社會階層。不過有時候補助生的家長可以為長子買位子，與富貴子弟並肩而坐。這時，這個長子就成為紳士生，能用錢買到躋身上流學生圈的入場券。

學生階層的最底層是公費生。他們是最貧寒的學生，家長是小農

（上）三一學院的院徽。
（下）牛頓求學時代三一學院景象的雕刻圖。

莊主或在無足輕重的教會擔任神職人員。這些學生必須靠著在三一學院打工支付學費和食宿。公費生通常是最用功努力的一群。

牛頓作為公費生的工作報酬是可以跟著一位導師上課學習，並和其他學生共用房間，在那裡睡覺和學習。只不過更有趣的活動他就不得其門而入。重要訪客在三一學院進行演講，只有教授和富有的紳士生可以參加。按照現在的標準，這種體制看似並不公平，但是就像各行各業的人都知道的，錢會「說話」。財富和社會地位是一體兩面，而在劍橋大學，上流階層確實享有特權。

清晨的例行工作對牛頓而言必然感到相當震撼。以前他在伍爾斯索普的家中也有自己的僕人，但現在他必須早起、著裝，前往廚房，把早餐的麵包和啤酒胡亂塞進肚子裡，接著把餐點拿到樓上，送到他要服務的那些人的房間。倒夜壺這件苦差事也落到牛頓頭上，他要到各個房間收集夜壺，並一一倒乾淨。到了傍晚，他又要在三一學院的大會堂服侍上流階層的學生用餐。只有在完成一天的工作之後，他和其他公費生才能撿剩菜剩飯吃。

但是，同是公費生，牛頓的生活還是更勝一籌。他的筆記本反映了他在校外的社交生活。他寫下的內容顯示他剛好有餘錢可以借給他的公費生同學和那些比他高一等的補助生。他在筆記裡記下他們的名字，等他們還錢時，他就把名字劃掉。牛頓之所以會幫助補助生，或許是想藉此和他們交朋友；毫無疑問的，牛頓覺得自己屬於補助生，而非公費生。他也和其他學生到劍橋附近的小餐館聚

在三一學院大會堂，牛頓在亨利八世（畫像）的凝視下，服侍上流階層的學生。

水鐘好？還是燭鐘好？

有擺錘的精準機械鐘一直要到1600年代中期才問世。牛頓的童年時期，他的鄰居利用太陽的方位推斷時間，或用沙漏測量較短的時間。數千年來，人們曾借助於水鐘、燃繩和燭鐘記錄時間。

你可以製作燭鐘或簡單的水鐘，看看這些時鐘對以前的人們來說是多麼實用的工具。（本活動需由大人陪同）

製作燭鐘所需材料：

◆ 數支同樣大小、約 8公分的生日蠟燭
◆ 黏土一塊　◆ 火柴
◆ 尺　◆ 細頭麥克筆

把兩支蠟燭立於一塊黏土上。如果蠟燭的頭是尖的，先點燃，燒成平的之後吹熄。確認兩支蠟燭的頂部一樣高。

請大人幫忙點燃其中一支蠟燭，燃燒5分鐘之後吹熄。用尺量一下第一支蠟燭燒掉的高度。用這個數字在第二支蠟燭上量測，並標記數道5分鐘的標示線。燭鐘到此完成。先把它放一邊。

製作水鐘所需材料：

◆ 大的圖釘、大頭釘或細頭釘
◆ 免洗塑膠杯（壓握會變形的那種）
◆ 乾淨的圓罐，需為直筒狀，罐口寬度要能夠支撐塑膠杯
◆ 水　◆ 細頭麥克筆　◆ 尺　◆ 量杯
◆ 有秒針的鐘，或電子計時器

用圖釘在免洗塑膠杯底部戳一個小洞，杯口向上放進罐子，杯底懸空，與罐底要有相當的距離，如圖示。接著倒入約1/2杯的水。水開始滴漏了嗎？如果還沒，你可能要輕敲杯緣

讓它開始滴水。

杯子一滴水就開始計時，經過5分鐘後標記水位（可以視需要在杯子裡加水）。然後，清空水鐘，用尺量一下水位有多高。用這個量度在罐身由下而上逐次標記5分鐘標示線。水鐘完成了。先把它放在一旁。

兩鐘一較高下

現在，將燭鐘和水鐘並排放在一起。用手指堵住塑膠杯底的小洞，注入水。當大人幫忙點燃蠟燭時，你同時放開手指，讓水滴入罐內，並把水杯安放進罐口。

觀察兩個鐘5分鐘。你看到了什麼？哪一個鐘比較準確？當你在做只需要幾分鐘就能完成的事時，如整理床鋪、用牙刷和牙線清潔牙齒，你能用其中一個來鐘計時嗎？

想一件大約需要30分鐘才能完成的事，例如烤一盤布朗尼，你要怎麼應用從這個活動學到的方式，設計一個可以計時更久的燭鐘或水鐘？

會。牛頓的筆記顯示，他玩牌有輸有贏，不過他自稱玩西洋跳棋從來沒有輸過。

即使如此，一如在格蘭特罕的學生時期，牛頓仍然顯得格格不入。他比三一學院的同學年長了一、兩歲，也不再是小學校裡的狀元生。他已將近成年，他的思想也趨於成熟。

牛頓很快就明顯察覺到，他關於自然哲學的知識足以與某些教授匹敵，甚至超越他們。他知道自己具備高超的天賦，能解決許多學科的難題，他也心知肚，在三一學院，幾乎沒有人的數學程度能夠與他相提並論。不過當時還沒有人體認到這一點。

牛頓在劍橋的頭幾年，從不對他腦海深處的想法直言不諱。儘管他的筆記本裡密密麻麻的寫滿了他的想法和實驗，但他從來不與老師和其他學生分享。牛頓小心翼翼的隱藏他的研究。

就像三一學院的其他學生，牛頓也研習神學，探索上帝的本質。在牛頓的時代，每個知識分子都要學習神學。事實上，三一學院的每位教授都必須接受聖職受任儀式，按立成為英格蘭教會的牧師；這是規定。於是牛頓也從自然世界的研究裡抬起頭，開始思考信仰問題。

牛頓再度跳脫英格蘭教會成員的尋常思維。牛頓原本對上帝深信不疑，但經過這些年，他開始質疑其他人眼中神聖不可侵犯的教會基本教義。牛頓對於自己與他人的差異完全保持沉默，直到他年紀更長時，才與少數幾個好朋友分享。或許他是害怕沒有人會相信他的話，但更大的可能是，他沉迷於他的研究中，就像陷入自己網中的蜘蛛。

就像許多聰明絕頂的人，牛頓看世界的方式和別人不一樣。遇到問題時，他執著不懈，直到他從每個角度思考過後才肯放手。

劍橋大學的師生對於牛頓的特立獨行頗有微詞。現今也與過去一樣，天才的舉止通常與眾不同，也無法融入群體之中。我們只能想像，其他學生和師長對牛頓應該是又好奇又嫌惡。

眼睛會騙人

牛頓就讀劍橋之初，曾把自己當成白老鼠，直視太陽，想看看會發生什麼事……結果他差點害自己失明。切記，絕對不要用肉眼直視太陽。

人類觀物成像的方式稱為「視覺」。牛頓小的時候曾經做過實驗，修正當時世人都有的「錯覺」。人們的雙眼告訴他們是太陽繞著地球轉，因此他們相信地球是宇宙的中心。

你的眼睛可能會愚弄你。從第一個錯覺實驗中，你會學到觀看物體時，如何讓兩隻眼睛一起對焦。這種能力稱為「雙目視覺」。你能發現哪一種錯覺？

所需材料：
◆ 一枝鉛筆

鉛筆明明沒有動，為什麼看起來在跳舞？拿起一枝鉛筆，使其與地板垂直，手臂往前伸直。閉上一隻眼睛，讓鉛筆平行對齊背景裡某個垂直物體，例如窗框或門框。

鉛筆完全靜止不動，睜開閉著的那隻眼睛，閉上原來睜著的眼睛。兩眼快速輪流閉闔。你看到了什麼？究竟發生了什麼事？

再試試接下來這個錯覺實驗。你能看到 11 根手指頭嗎？兩手食指指尖相

觸，置於距離眼睛約 30 公分處。

眼睛注視著指尖，手指慢慢往眼睛靠近。你看到第十一根手指頭出現在兩指指尖之間了嗎？你的視覺怎麼了？

最後一個錯覺實驗，你不必折曲紙張，就能看到下圖的蜜蜂朝花朵飛去。將這一頁置於離你的臉約 30 公分處，眼睛持續注視著蜜蜂和花朵，同時慢慢將書頁朝臉部靠近。等近到某個距離，當你的眼睛無法同時注視蜜蜂和花朵時，蜜蜂就會「飛」向花朵。

熾烈的友誼

牛頓初到劍橋大學就讀之時，正是英王查理二世統治英格蘭的初期。1660 年，英格蘭內戰之後，英國國會迎接查理二世返國繼任王位。國王和他的門客，重建了倫敦的光彩和格調。許多倫敦的學生，帶著那無拘無束的作風進入劍橋。校方強制要求參加的教堂主日崇拜，不少學生不但擅自缺席，還擠進小餐館和咖啡館作樂，大學官員對此大多都裝聾作啞。更糟的是，有些學生明知自己應該只結交出身良好的仕女，卻與來歷不明的女子往來。

如同其他大學的學生，劍橋大學的年輕學子有的認真嚴謹，有的狂放不羈；有的學生立志成為英格蘭教會的牧師，有的則是「派對動物」，上大學只是想要好好享樂狂歡。那個時候和現在一樣，上進的學生若是和愛玩的學生成為室友，很難相處融洽。

至少在大學剛開始的一年半裡，倒楣的牛頓和一個鎮日狂歡的同學共處一室。後來他偶然間遇到一個也有相同困擾的三一學院學生，牛頓和對方在學院的庭園裡散步，可能是想遠離他們房裡的吵鬧聚會。那個學生名叫約翰・魏克金斯，是個補助生，他和牛頓一樣，求學非常認真。

1727 年，魏克金斯和牛頓都逝世之後，魏克金斯的兒子寫了一封信，說明他父親是如何和牛頓成為室友：

你的緯度有多高？

在人造衛星和全球定位系統（GPS）問世前的數百年前，水手使用六分儀來確定他們所在之處的緯度，也就是他們離赤道有多遠。使用六分儀定位時，需要仰賴北極星。在人類眼中，北極星是「固定」的星星，永遠在北極上方同樣的位置。

水手使用六分儀測量所在位置和北極星之間的角度，並從這個角度推知他們與赤道的相對位置。例如夏威夷檀香山位於北緯（赤道以北）21 度；英國倫敦是北緯 51 度。

你可以用簡單的六分儀找出你家的緯度。這項實驗在萬里無雲、星光明亮的夜晚進行，效果會最好。

所需材料：

◆ 鉛筆
◆ 描圖紙或右頁六分儀範本的影印本
◆ 約 15 公分的紙盤 ◆ 剪刀
◆ 膠水 ◆ 砝碼（或墊圈）
◆ 約 50 公分長的釣魚線或風箏線
◆ 膠帶 ◆ 吸管
◆ 一起做實驗的夥伴 ◆ 手電筒
◆ 雜記本 ◆ 地圖或地球儀

1. 在描圖紙上畫出或影印右頁的六分儀範本，用膠水將期貼在紙盤背面，邊緣對齊。沿著實線剪下六分儀模型，從直角到小圓圈處也要沿實線剪開。

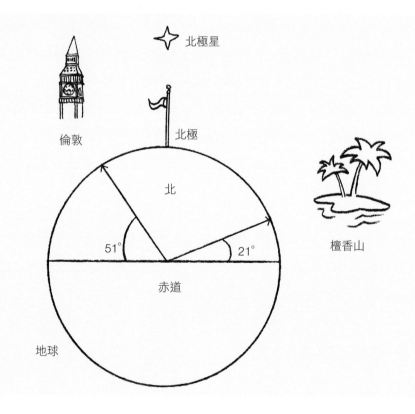

2. 在釣魚線的一端繫上砝碼。在另一端打結，穿過六分儀的隙口。

3. 沿著六分儀的上緣用膠帶黏貼吸管，如下圖所示，不要黏到線。

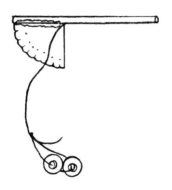

4. 趁著晴朗的夜晚到戶外尋找北極星。如果你不知道北極星在哪裡，往北方的星空尋找大熊座（大北斗）和小熊座（小北斗）。北極星就是小熊座熊尾（小北斗勺柄）最末端的那顆星。還是找不到嗎？以下是另一個提示：大熊座的前兩顆星（斗勺前緣）「指向」小熊座的北極星。你可以在下方 QR code 找到星象圖。

5. 閉上一隻眼睛。讓繩端的砝碼自由垂落。把吸管放在你張開的眼睛和北極星之間，彷彿你的「視線」穿過吸管與北極星連成一線。從吸管口上緣找北極星，比透過吸管口找容易得多。等你找到北極星，請夥伴打開手電筒，看一下六分儀的線落在圓弧上的位置是幾度，這個數字就是你所在的緯度。

6. 用地圖或地球儀確認你的觀測結果。你的六分儀準確嗎？

7. 把這個觀測活動畫在你的雜記本裡，務必畫上地平線、北極星和你所站的位置。

　想一想：如果你住在赤道以南的南半球，怎麼辦？這時，你要如何量測你所在的緯度呢？

六分儀範本

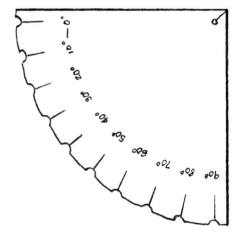

中央氣象局星象圖

（上）英王查理二世和他的仕女貴婦朋友們喜歡輕鬆但通常頗為愚蠢的遊戲，像是「獵捕飛蛾」。（右）英王亨利八世英挺威風的塑像，曾經注視著在三一學院庭園裡散步的牛頓。

我父親和牛頓會成為好朋友，完全出於偶然。我父親的第一個室友惹得他十分不悅，有一天他忍無可忍，所以出去走走，結果遇到孤單一人、垂頭喪氣的牛頓。他們稍微聊了一下，發現他們居然是因為同樣的原因而離開宿舍，當下決定湊和一下，一起擺脫他們胡作非為的現任室友。他們一抓到機會就著手安排，兩人成為室友，而我父親接下來待在劍橋的期間，他們一直都是室友⋯⋯

牛頓和魏克金斯「湊和」成為室友。從各個方面來看，牛頓在劍橋大學期間，從頭到尾，魏克金斯都是他唯一真正的朋友。牛頓能交到魏克金斯這個朋友，並保持這份友誼，實在很幸運。

有牛頓這個聰慧過人的室友，隨著牛頓在其後 20 年間逐步展開他的研究，魏克金斯也成為他的助手，扮

演一個默默無聲但珍貴無比的角色。無庸置疑，魏克金斯是牛頓的精神支柱，而當牛頓為了研究廢寢忘食（這種情況經常發生），魏克金斯也是他的健康守護者。他們的友誼深厚緊密，有證據顯示，牛頓以瘋狂的嫉妒捍衛這份友誼。

1683 年，當年屆中年的魏克金斯決定成家，兩人的友誼突然斷絕。他離開劍橋，結了婚，有了家庭，在某個村莊擔任教區神職人員。牛頓似乎把魏克金斯的決定看成是對自己的侮辱。因為此後再也找不到牛頓再次與魏克金斯談話或通信的紀錄。

但是牛頓應該沒有忘懷他的朋友。當他和魏克金斯都步入老年時，他曾送了幾本《聖經》給魏克金斯做為禮物，讓他的老室友可以在教區使用。

彗星

彗星是由砂礫和冰組成的球體，幾乎和太陽系一樣古老。一直要到 1900 年代中期，天文學家才知道彗星的核心有哪些成分。彗星有時被稱為「髒雪球」，大約有 25% 是塵埃，75% 是冰，含有大量的氨、甲烷和二氧化碳。1980 年代的衛星照片證實，因為含有塵粒子，彗星其實是骯髒的黑色。

哈雷彗星是短週期的彗星，約每 76 年重現一次，也就是說人一生可以見到一次。古老文獻曾記載要花數百年或數千年才會重現的彗星。

哈雷彗星有一條發亮的尾巴，不過並非所有的彗星都有尾巴。彗星是一種有孔洞的結構體，如此氣體和碎石才能夠從彗核的洞排出。當彗星靠近恆星（如太陽）時，太陽輻射和太陽風的高溫導致彗星裡的冰昇華，直接由固體轉為氣體，成為長長的氣流。因此，彗星的尾巴永遠「吹」往和太陽相反的方向。

許多彗星「誕生」於歐特雲，那是一團冰冷龐大的粒子雲，天文學家認為它位於太陽系之外。天文學家相信，歐特雲附近恆星的引力作用，偶爾會把彗星踢出歐特雲，落入太陽系的引力影響範圍。天文學家也認為有些彗星源自古柏帶，那是一個鬆散的矮行星群（冥王星就是一顆矮行星），圍繞著海王星以外的另一個太陽系。

彗星有生有死。每經過太陽一回，就會耗損一小部分。不過不用擔心，每年大約會出現 30 顆彗星，將在未來的數百萬年裡橫掃地球的星空。

（上左）牛頓畫的素描圖，1664 年耶誕節期間掃過劍橋天空的彗星（印第安那大學圖書館）。（上右）維爾特彗星，沒有尾巴的彗星。（美國太空總署）

Chapter 4

牛頓的大哉問

三一學院的學生在進入大學早期都有導師，牛頓當然也不例外。牛頓的導師名叫班傑明·普萊恩，是通曉許多科目的學者。在與普萊恩見面討論之前，牛頓一定會讀透每一項課業，大多時候他知道的和他的導師一樣多，甚至更多。

普萊恩顯然十分讚賞牛頓，放手讓這個天賦異稟的學生自由學習他有興趣的主題。法國學者笛卡兒（1596-1650）的思想是劍橋當時的熱門話題，他是那個時候最著名的哲學家，牛頓認為他的思想值得研究。笛卡兒才華出眾，他的興趣橫跨 1600年代上半時期所有的知識領域。他研究自然哲學和數學；他建構以地球為中心的宇宙圖；他以「我思，故我在」回答人生在世的本質問題；他也探問上帝的本質。

笛卡兒（1596-1650）。（美國國會圖書
館 LC-USZ62-61365）

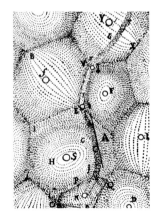

笛卡兒提出行星以渦漩形
態運行的概念。

笛卡兒的研究影響了全歐洲的大學教授，他與時俱進的學習方法大受歡迎。笛卡兒認為，宇宙是以一種機械的方式在運行。他寫道，行星以渦漩系形態的粒子流運行。笛卡兒的渦漩理論構成了他的信念——沒有空無一物的空間。萬物都有東西充滿其中。

牛頓對笛卡兒思想的討論也很關注。雖然學生若沒有教授的陪同，不能進入三一學院圖書館，但牛頓就是有辦法拿到笛卡兒的書，並研讀這些著作。

笛卡兒從許多角度引領牛頓的思維，一開始是某個方向，後來又開啟另一個方向。牛頓有一本筆記本，中間保留了約一百頁的空白，他只用其中寥寥幾頁寫下他對笛卡兒的想法。接著，他突然來個大轉彎，寫下他想要學習的所有事項清單。

牛頓寫下「哲學問題」這幾個字，用剩下的筆記頁面列出標題，這是牛頓的閱讀計畫大綱，共計有 45 個不同的主題。這些主題囊括了我們現在稱之為物理學的所有科目，有些甚至超越了物理學的範疇：

原子。真空和原子。量。物體的結合。空間。時間和永恆。水鐘或沙漏鐘。運動。天體和軌道。太陽恆星和行星及彗星。疏度和密度。稀鬆和密集。熱和冷。重力和浮力。受迫運動。空氣。水和鹽。地球。上帝。創造論。靈魂。

不斷延伸的主題清單

牛頓的大哉問也是人類思考的起點。牛頓提出關於周遭世界的問題時，也建立了回答這些問題的必要。牛頓知道自己是指出自然哲學家能用實驗回答科學問題的先鋒嗎？

牛頓大約在 1662 年提出他一連串的大哉問。但在 1664 年他轉移了研究陣地，因為他這時開始對其他事物感到好奇。在笛卡兒的帶領下，他轉進新方向，邁入數學的國度。

數學天才

牛頓初到劍橋時，似乎不打算像其他學生一樣，跟著導師學習代數和幾何的解題。代數傳入劍橋時，用的是翻譯成拉丁文的伊斯蘭學者作品，尤其是阿拉伯數學家花拉子密（750-850）的著作。「代數」一詞（algebra）就是取自他的書名《還原與對消的科學》（*al-jabr w'al-muqabalab*）。代數用 x、y 和 z 等符號，讓複雜的數學問題變得容易解題。

至於幾何學則是古希臘人的發明。大約在西元前 300 年，住在埃及亞歷山大港的數學家歐幾里得，整理了其他希臘數學家的研究，匯編成實用的形式。歐幾里得的幾何學探討的是二維平面裡的直線和形狀，如三角形、方形和圓形。

從文藝復興到皇家學會

古騰堡在 1440 年發明印刷術後，歐洲的學習宛如重獲新生般爆發成長，跳脫中世紀緩慢沉悶的軌跡。「文藝復興」（Renaissance）的字義就是「再生」，在這個時期，一批新型的科學家如繁花盛放。

1800 年代以前，科學家自稱「自然哲學家」。許多自然哲學家的研究觸及所有科學領域，他們幾乎讀遍各門各科的所有文獻，這是今日學者望塵莫及的。

1600 年代中期，紳士們組成社團，分享他們對自然哲學的熱愛。牛頓年少時期時，倫敦學者正開始討論科學上的最新發現。當英王查理二世加入這個社團，社團就取名為「皇家學會」。很快的，皇家學會和學會的期刊《自然科學會報》成為英國科學事務的最高權威。

獲選為皇家學會院士（會員）是一項殊榮。皇家學會每週的實驗示範是它成功的關鍵。用實體材料做實驗，在當時還是相當新穎的觀念。當人們問「為什麼會這樣」或「為什麼會那樣」，得到的答案通常是「因為就是這樣」。在解讀自然世界的種種現象時，僵固而絕對的觀念宰制了他們的思想。

然而，在學會成立早期，自然哲學家採取了英國哲學家培根（1561-1626）的建議。培根鼓勵學者改變僵固的世界觀。於是，他們把做學問的過程反過來。首先，觀察並記錄；接著，思考觀察到的現象；之後，提出假設（主張）以解釋所見現象；最後，用實驗測試他們的觀念，並進一步做成結論。

皇家學會的院士們從來沒有想到，在他們漸進發展科學方法的同時，也催生了科學革命。

（左）英國醫生及自然哲學家威廉·哈維發現人體的血液循環。（右）培根。

牛頓很快就覺得正規的代數和幾何沉悶無趣，因此直接跳過，轉而鑽研不同類型的問題。就在此時，笛卡兒的書帶領牛頓走上一條不同的路，接觸到更高深的數學。笛卡兒寫出一種新的數學形式，進一步將歐幾里得的幾何學帶入空前的境界。這位法國哲學家想要解決的幾何問題不是兩個維度，而是三個維度；也就是跳脫紙張的平面，進入真實的立體空間。為了達成目標，笛卡兒把代數應用於幾何學，把他的新數學稱為「解析幾何」。

牛頓靠自己研讀笛卡兒的新書《幾何學》，他不知道劍橋有誰可以教他。由於他不懂法文，只能讀拉丁文的版本。他一次研究幾頁，不斷反覆推敲，直到明白內容之後再繼續。

然而，三一學院裡其實有個人理解笛卡兒的解析幾何。牛頓運氣不錯，巴羅博士就在三一學院教學研究。不管怎麼看，從希臘文到天文學，巴羅在許多領域都是眾學者間的翹楚。巴羅是皇家學會院士，皇家學會是由一群卓越的紳士所組成的社團，在倫敦聚會，討論自然哲學。巴羅的最新研究進入數字領域，並成為三一學院盧卡斯數學教授的第一人。亨利·盧卡斯是一名富有的英格蘭人，他在遺囑表示留了一筆錢，以供劍橋大學聘請頂尖的數學家。（繼巴羅之後，榮任盧卡斯教授的名人包括：牛頓；天文學家艾里；具體呈現電腦程式設計基本架構的數學家巴貝；21 世紀聲望崇高的物理學家霍金。）

不過，牛頓必須先應付其他三一學院學生要面對的挑戰。1664 年春天，他必須通過劍橋的獎學金考試，才能在大學裡長久占有一席，否則就必須返回伍爾斯索普。一時之間，壓力湧現。

巴羅是劍橋大學教授中擁有盧卡斯數學教授席位的第一人。巴羅的後繼者包括牛頓和其他傑出的學者。

牛頓面對的是一場艱苦的競爭：那群童年時在倫敦西敏寺學校求學的學生，獎學金會自動落到他們頭上，若有能在皇家法院使得上力的朋友，會有所幫助，只可惜牛頓沒有這樣的朋友。

　　牛頓知道該是在課業上追趕進度的時候了。他的筆記顯示他回頭研讀他初進大學時就應該讀的那些書。不過，牛頓還是再一次完全跳過歐幾里得的幾何學基本原理。參加巴羅博士的歐幾里得理論口試時，牛頓在這位備受尊敬的教授面前，竟然連最簡單的幾何學都解釋不出來。巴羅博士完全不知道牛頓理解的是更為深奧的笛卡兒解析幾何學，因為牛頓隻字未提。

　　不管是什麼原因，牛頓還是贏得了獎學金。也許是因為儘管牛頓的幾何學成績很糟，巴羅博士還是看出他成為學者的潛力，想必是在某個時候，牛頓讓巴羅教授對他的數學領悟力印象深刻；抑或許是有人也發覺了牛頓出眾的智力；最有可能的是他有個在劍橋深具影響力的導師——巴賓頓博士。巴賓頓博士在伍爾斯索普附近的教堂擔任教區長，也是三一學院的資深教職員。巴賓頓博士的姊妹嫁給格蘭特罕的藥劑師克拉克先生，也就是牛頓在國王中學求學時寄住的那戶人家。巴賓頓博士很有可能在三一學院的同仁面前幫牛頓說了幾句好話。

　　不管如何，牛頓完成了三一學院的學士學位，繼續攻讀碩士學位。然而，整個三一學院，甚至整個劍橋大學，包括巴羅博士和巴賓頓博士在內，還沒有任何一個人意識到，牛頓是個不世出的天才。

跳蚤、鼠疫與牛頓的沉思之年

　　1665 年春天，牛頓在準備考試時，聽到了令人恐懼的消息，倫敦有人死於鼠疫。1600 年代，最令人聞風喪膽的鼠疫曾數次襲擊英格蘭，人們絕對有必要提高警覺。1300 年代，鼠疫橫掃歐洲，有如火燒草屋。等到鼠疫退去，歐洲有 1/3 人口死亡。鼠疫又稱為「黑死病」。

　　牛頓所在的劍橋，居民還不了解黑鼠和跳蚤這兩種常見的有害生物會構成一種致命關係，進而引發黑死病。1600 年代，黑鼠和跳蚤在全歐洲大量繁殖。不論貧富，家家戶戶都有跳蚤；黑鼠藏身在茅草屋頂和建築物的牆裡，老鼠以垃圾為食，而每個城鎮多得是垃圾。

　　黑鼠身上帶有鼠疫，而跳蚤需吸食動物宿主的血。覓食的跳蚤吸到黑鼠的血，也會感染鼠疫，感染鼠疫的跳蚤若是叮咬人，就會把鼠疫透過血液傳給這個倒楣鬼。

　　即使是牛頓也猜想不到有種細菌能把鼠疫從老鼠身上傳給跳蚤，再傳給人類受害者，當時甚至沒有人知道細菌的存在。還要再等個 200 多年，醫生才用顯微鏡發現了引發鼠疫的細菌。

　　鼠疫跟著旅客和附在他們毛料衣服上的跳蚤，把魔爪伸進了劍橋。對於地理位置如此北邊的劍橋來說，1665 年的夏天異常炎熱潮溼。燠熱又溼黏的天氣是跳蚤繁殖的絕佳溫床。

　　鼠疫發病的情況相當恐怖，患者會發高燒，且腋下、鼠蹊部和頸部的腺

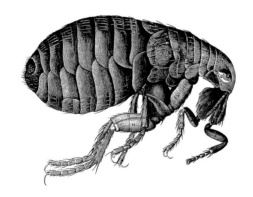

同為皇家學會成員的羅伯特‧虎克所畫的跳蚤放大圖。

體因為受到感染，腫得像乾躁的李子那麼大。細菌會侵襲患者的大腦，許多病人因而精神失常，瘋狂的在大街上奔跑。官員一旦發現病患，就會把病患的家門釘死，把病患連同裡頭的其他人一起關起來，並在門上畫個大大的紅色十字，讓所有人都知道鼠疫來了。

如果一家十口都染病，大概只有兩、三個人能活下來。護士應該要照顧這病患，但大家都抱怨護士不幫忙就算了，還只會偷東西。在那個炎熱的夏季，每晚都有收屍人開著車沿街吆喝，把屍體運到墓園，丟進亂葬崗裡。

各種療法紛紛出現，為了防止感染，人們什麼事都願意做。燒起火堆，想要驅走他們認為致命的「惡氣」；在脖子圍著由迷迭香、薄荷和苦艾紮成的香草束，還在窗台上種植香草。有時候人們會在家裡鳴槍，希望火藥的臭味

一件早期的木雕作品，描繪鼠疫的慘狀。

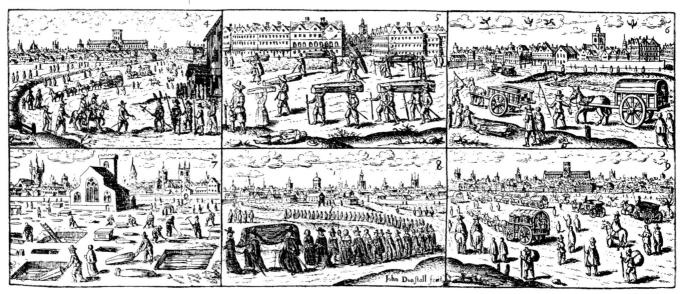

能殺死可惡邪惡的瘟疫。劍橋有個醫生甚至建議，健康的鎮民應該把裝有一小塊瘟疫患者的排泄物的袋子掛在脖子上，以抵擋疾病。

夏末，大部分的劍橋學生和他們的導師都逃離城鎮，到較小的村莊繼續學業。不需要導師的牛頓，直接返回伍爾斯索普的家。

家鄉的寧靜時光

當氣候變冷，瘟疫也逐漸止息，因此隔年 3 月劍橋大學重新開課，牛頓也在此時返校。但是接著又出現一個炎熱的夏季，瘟疫再度來襲，於是牛頓再次離開學校。從 1665 年至 1667 年這兩年的時間，牛頓多半待在伍爾斯索普。此時的牛頓沒有作業需要向老師證明解題，沒有喧鬧的學院擾亂生活，他的研究似乎開始突飛猛進。

一直到 1900 年代初期，寫到牛頓的歷史學家，都喜歡把這段期間稱為牛頓的「奇蹟之年」。然而，晚近的歷史學家採取一個比較不浪漫又更為客觀的觀點，並發現牛頓的奇蹟之年其實沒有半點神奇之處。在劍橋 4 年的學習，充實了牛頓的心智，接著在伍爾斯索普的獨處，讓牛頓可以盡情做他最拿手的事：思考和懷疑。

在伍爾斯索普的兩年期間，牛頓讓腦海中的各種想法蒸騰。他在劍橋時所學的自然哲學和數學現在開始發酵，就像他早餐吃的麵包和啤酒裡的酵母一樣。白天，他看著花園裡的蘋果樹開花、結果，蘋果熟成後掉落地面；下

鼠疫（黑死病）期間出診的醫生，穿著上蠟長袍、戴著裝填了藥草的長喙面具，以抵擋疾病。（富蘭克林鑄幣廠）

中世紀和牛頓所處時代的醫生到病患家出診時，都會穿著上蠟的長大衣，並戴著面具。他們在面具的「喙」裡塞滿藥草，希望能藉此防止被感染鼠疫。在大齋期前舉辦懺悔節或嘉年華慶典的城市，這類的各式面具十分受歡迎。

你可以試著自己動手製作防疫面具，再加上外套、長袖運動衫和帽子，就是一套絕妙的道具服。

所需材料：

◆ 剪刀　◆ 鉛筆　◆ 海報板
◆ 尺　◆ 膠帶
◆ 面具（如果面具材質較輕薄，也許可以將兩副套在一起）
◆ 白紙　◆ 彩色麥克筆
◆ 連帽長袖運動衫　◆ 寬邊帽
◆ 大人的舊外套，如風衣

放大對頁的版型，畫出完整尺寸的紙型，製作面具的上、下半部。版型裡的方格，正方形邊長為 2.6 公分。（注意：下喙是 28.6 公分長，差不多是一般電腦紙的長度。）

剪下紙型，用它們在海報板上依樣描出 2 個三角形，再把三角形剪下來。

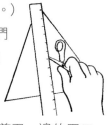

上喙部分，用尺和剪刀一邊的刀口在大三角形中央由上而下劃下一道摺線，並將其沿著摺線對摺。

把大三角形一邊沿著小三角形的一個長邊用膠帶貼妥，把兩個三角形放在工作桌上，膠帶面朝上。大三角形的另一邊用膠帶貼好，並露出膠帶一半的寬度。

把紙摺成喙的形狀，用手指把膠帶壓牢。膠帶黏貼在喙的內部。

接下來就是比較難掌握的一步了！下喙的外側多半會多出一部分。安裝喙嘴時，要避開眼洞，不要遮擋視線。面具和喙嘴下方會有些空隙。但如果你仔細觀察，你會發

現面具彎曲到某個弧度時，可以與喙接合。把下喙邊緣修成圓弧狀，以與面具吻合。如果一次無法接合，每次修剪一點點，直到面具與喙能完美接合。用短膠帶接合面具和喙。小心保持膠帶面的平滑，修剪掉多餘的膠帶。

按照個人喜好裝飾面具。用麥克筆描繪細部，古畫裡的防疫面具通常在喙上有嘴或鼻孔，在眼睛部位也有「目鏡」。善用你的想像力！

如果講究裝扮逼真，先穿上連帽長袖運動衫，再穿上舊外套，接著戴上面具，最後戴上寬邊帽。現在，你就是瘟疫醫生了，準備出診吧！

上喙

下喙

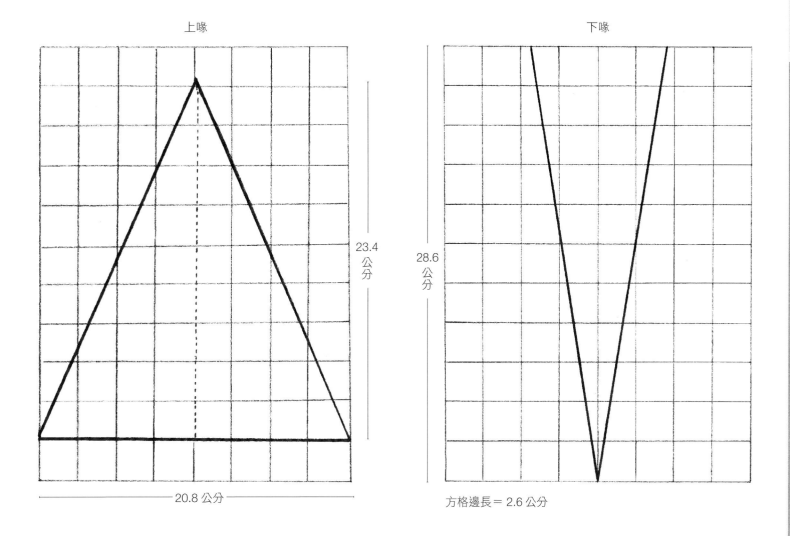

23.4
公分

28.6
公分

——— 20.8 公分 ———

方格邊長＝ 2.6 公分

雨時，他思索彩虹為什麼會出現；夜晚，他仍然像孩提時一樣，觀察天空裡的星星和行星。

寧靜的時光讓牛頓有機會省思學習到的所有知識，此外，他也在這段期間長大成人。他十八歲進入劍橋求學，現在的他二十二歲，擁有成熟的心智。沒有任何事物能阻攔他對宇宙愈來愈多的探問，就像卓越的藝術家或出色的作曲家，驅策牛頓的是一股對創造的強烈需求。他不作畫，也不創作交響曲，而是提出一連串的「為什麼」，從他在窗外所見，直到最遙遠的太空深處：

> 東西為什麼一定會往下掉？
> 月亮為什麼不會掉到地球上？
> 炮彈在開始往地面墜落之前，飛得有多快？
> 彗星為什麼會定期飛經地球附近？
> 行星為什麼會在固定軌道上運行？

這是牛頓領悟運動定律的開端。在劍橋時，牛頓已經體會到數學可以幫助他找到這些問題的答案。待在家的期間，他將這個想法推向更深遠的層次。

牛頓撰寫論文討論曲線，並探討如何用數學方式計算曲線下方區域的面積。這些數學技巧有助於解決運動中物體的相關問題，他稱他的新式數學為「流數」，也就是現在所謂的「微積分」。

牛頓返鄉躲避瘟疫期間，並沒有創造奇蹟，不過這段日子確實是他的「沉思之年」。牛頓思索現象，提出疑問。

然後，著手解答。

一道彩虹出現在伍爾斯索普牛頓老家的上空。

Chapter 5

牛頓靈「光」乍現

16 67 年春天，牛頓回到劍橋。1666 年，史上著名的倫敦大火把倫敦燒成灰燼，鼠疫似乎也在整個英格蘭繼續燃燒。

牛頓依然保持他一貫的古怪行徑，除了與魏克金斯同住一間宿舍，他沒有交到什麼真正的朋友。在伍爾斯索普獨處的幾年間，儘管他的思想突飛猛進，卻不曾主動向任何人分享。他不曾告訴過任何人他的流數研究。牛頓的心智究竟漫遊到多遠的境地，沒有人看出任何端倪；也沒有人感知到牛頓早已開始探索宰制行星運行的法則，即將揭曉行星運行週期的奧祕。

1669 年初，巴羅教授給牛頓看倫敦數學家柯林斯寄來的一本書。柯林斯是英格蘭和歐洲的數學學者交流訊息的聯絡站。這本書由德國數學家麥卡托撰寫而成，內容充滿突破性的創見。麥卡托的主題是對

數，那是一種數學技巧，利用指數以簡化困難的數學計算。

　　閱讀了麥卡托發表的研究，牛頓受到的刺激強烈到讓他不再對自己的所知所學守口如瓶。牛頓在伍爾斯索普完成的流數研究，大約有一半已經出現在麥卡托這本公開發表的書裡；由此可以推斷，另外一半公諸於世的日子應該也不遠了。牛頓拿出他的筆記本，快馬加鞭地寫下自己的論文，題名為《論分析》。

　　牛頓的驕傲戰勝了他的沉默。他必須昭告世界，他的思想遠遠走在麥卡托之前。他很樂意和巴羅分享他的論文。然而，一如所料，牛頓不准他的教授把《論分析》交給柯林斯。巴羅不得不再三向牛頓保證柯林斯會立刻歸還論文，才讓牛頓改變心意，巴羅也同意牛頓的要求：論文手稿上不會出現牛頓的名字，牛頓終於安心的妥協了。

　　柯林斯是個平凡但熱情的數學學者。他立刻看出牛頓的論文光芒難掩的非凡價值，而他的正面評價似乎撫平了牛頓的焦慮。最後，牛頓同意用他的名字發表論文。

　　柯林斯信守承諾，把牛頓的論文歸還給巴羅，只是在歸還之前，他先謹慎的手抄了一份。他也寫信給英格蘭及國外的數學家，在信中提到了牛頓的研究。不管牛頓喜不喜歡，他的名字開始在三一學院和劍橋大學以外的世界傳揚開來。

牛頓教授的光學課

1669 年，巴羅教授辭去在三一學院的教授一職，跨出劍橋大學教授職涯規畫的下一步，到英格蘭教會擔任神職人員。他提名已在前一年完成碩士學位的牛頓接任這個職位。

牛頓成為新任的盧卡斯數學教授後，終於能夠擺脫沉悶的導師工作，不必再與一群無趣的學生為伍。教授的工作就是在學期間每週講授一堂課，編寫授課內容，送到劍橋大學圖書館歸檔。可想而知，牛頓過人的思想超越了劍橋的學生和許多教職員的理解範圍。他的課，沒有人聽講做筆記，學生和學院教職員經過教室時，經常看到牛頓獨自一人，穿著他的紅袍，對著空空如也的教室說話。牛頓教授「講課給牆聽」，有個路過的人這麼描述。

牛頓可以在他熱衷的許多主題裡隨便挑一個講授，例如數學或運動定律，對於 1600 年代後期的自然哲學家來說，任何一個都是合宜的主題。沒有人確切知道這位年輕的教授為什麼會選擇光學做為第一門課的主題。然而，光學這個主題虜獲了各門各科自然哲學家的心。

早在西元前 300 年，古希臘人就了解光的基本原理。希臘數學家歐幾里得知道光線遵循以下的簡單法則：

入射角（光進來的角度）＝反射角（光出去的角度）

舉個例子，光線以某個角度打在鏡面上，鏡面會以對稱的相同角度把光

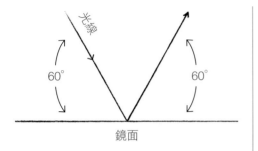

光線

60°　60°

鏡面

反射回去（把橡皮球丟向牆面也會產生同樣的情況）。

牛頓還理解了另一則光學原理。1621 年，牛頓出生以前，荷蘭人司乃耳發現了「折射的正弦定理」。不過，法國科學家笛卡兒是正式以書面形式發表這個定理的第一人。司乃耳和笛卡兒都觀察到光穿透物質時會彎折，這種現象稱為「折射」。

把筷子放到水裡就可以觀察到折射現象，由於水會讓光產生折射，筷子看起來就像折斷了。笛卡兒表示，折射光遵循下列法則：

光依照所穿透的物質的成分和厚度而產生折射。
光進入物質的角度與彎折後的角度，兩者具有恆常的比例關係。

牛頓認同笛卡兒的折射觀念，但至於白色光束如何分解為有色光束，牛頓的理論就和笛卡兒分道揚鑣。

笛卡兒相信，光穿透物質時，物質本身（他稱之為「介質」）改變了光，因此變成五顏六色。他寫道，光是純粹而恆常的形式。然而，笛卡兒不曾做過任何實驗證明他的想法是否正確。他的理論是根據他對光和光的表現先入為主的信念。他不曾以科學的態度去測試他的構想。

牛頓在鼠疫爆發期間返回伍爾斯索普時，進行了光的實驗。在大型的鄉村市集中，牛頓可能找到了一組稜鏡，這種三角玻璃看起來可以用來分解太陽光。他把稜鏡帶回家，開始用它們做實驗。為了證明他的理論，他把一個稜鏡放在黑暗的房間裡，他在房間的窗戶裝了遮光簾，只容一小束光線穿透，打在房間另一側、與窗距離約 6 公尺的牆面上。

接著，牛頓仔細觀察牆上的那個小光點，看到一方由 7 種顏色組成的長方形彩虹；那 7 種顏色分別是紅、橙、黃、綠、藍、靛、紫，組成所謂的「光譜」。牛頓深信，白光是由不同的顏色所組成。他寫道，「光本身是一種異質混合物，由不同的可折射光線組成。」換句話說，一束白色光線穿過稜鏡時，會分解成光譜。

為了證明這個論點，牛頓又更進一步實驗。他把第一個稜鏡留在原位不動，並在幾公尺處又放了第二個稜鏡。接著他找來兩塊木板，各鑽一個小孔。他把兩塊木板放在兩個稜鏡之間，第一塊木板的位置比第一副稜鏡遠，另一塊木板在第二副稜鏡前面。接下來，牛頓轉動第一個稜鏡，直到只折射出一種光譜顏色，穿過兩塊木板的小孔，再穿透第二個稜鏡。

如果笛卡兒的理論是對的，那麼第二個稜鏡應該會再次改變那束單色光的顏色，但是並沒有。第一個稜鏡折射的紅光穿透第二個稜鏡後，仍然保持紅色。用光譜裡其他顏色的光實驗，結果全都一樣。

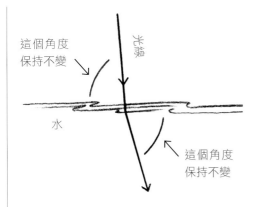

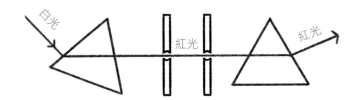

牛頓正在解析光線。

自製稜鏡

年輕的牛頓十分幸運，在鄉村市集買到了稜鏡，可以做太陽光的實驗。也許你家裡也有稜鏡，如果沒有，你可以依照以下簡單而有趣的方法自己做。這項實驗在晴朗的晴天進行，效果最好。

所需材料：

◆ 裝水的平底鍋或盤子（玻璃材質最佳）

◆ 白色硬紙板或卡紙　　◆ 平面鏡

◆ 一塊黏土（或任何可以支撐鏡子的物體）

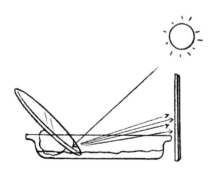

淺容器裝水，置於靠近窗戶的陽光直射處，將白色紙板或卡紙立於窗戶和容器之間。

把鏡子靠容器後側放入水裡。調整鏡子的角度，直到看到「彩虹」出現在紙上。這時，用黏土固定鏡子的角度。

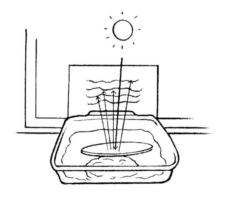

這是怎麼回事？你看到的彩虹就是光譜，呈現出組成白光的七種顏色。在牛頓發表《光學》這本著作之前，大部分科學家都認為是稜鏡把白光變成不同的顏色。

紅	橙	黃	綠	藍	靛	紫
R	O	Y	G.	B	I	V
E	R	E	R	L	N	I
D	A	L	E	U	D	O
	N	L	E	E	I	L
	G	O	N		G	E
	E	W			O	T

然而，牛頓認為，白光是七種顏色的組合，而且七種顏色的排列順序永遠不變：紅、橙、黃、綠、藍、靛、紫。（靛就是深藍色牛仔褲的顏色。）為了方便記憶，物理學家把每個顏色的英文字的第一個字母挑出來，變成一個人的名字（ROY G. BIV）：

光進入水時，鏡面會把光反射回去，鏡面與水構成的「楔形」，作用等同於玻璃稜鏡，因此把白光折射成光譜，就像你在紙上所看到的。

如果把水加入紅、黃或藍色食用色素，結果會如何？試試看！

牛頓現在可以確定，白色光線包含了肉眼可見的所有顏色。（1900 年代的物理學家後來發現還有肉眼不可見的電磁光波頻譜，包括微波、X 光波、紅外波和電視波。）

此外，牛頓還觀察到，每種折射色光各有固定的折射角度。藍色光的折射角度最小；紅色光則較大。一旦牛頓把數學應用於光的折射時，這項發現變得舉足輕重。他明白，白光穿透稜鏡，分解為光譜，每種顏色的角度不但各有不同，速度也各異。

數年後，牛頓稱此為他的「關鍵實驗」。牛頓遵奉培根的科學方法概念，他做了假設、觀察、測量，並將他的發現記錄下來。牛頓積累了多年觀察彩虹、調校稜鏡的經驗，激發出一個新觀念：白光一點也不純粹。牛頓深信自己是對的，因此他沒有把這個新觀念當成假說，而是定為理論。他就是知道他的觀念是正確的。

望遠鏡裡的新視野

牛頓還做了其他實驗驗證自己的想法。他把一片透鏡放在其他透鏡上方，或是把曲面透鏡放在平坦的玻璃表面，並記錄光線穿這些透鏡的折射狀況。牛頓還解決了所謂的「色像差」的問題；伽利略在打造望遠鏡時，就曾因為這個問題而懊惱。

伽利略應用折射觀念製作望遠鏡，用一片透鏡捕捉遠方物體的光線，再

用另一片透鏡折射光線，進入目鏡。這些影像的周圍會出現惱人的光暈。

牛頓徹底翻新望遠鏡的設計，以解決色像差問題。他用蘇格蘭天文學家格列哥里從未付諸實踐的構想，動手繪製反射式望遠鏡的設計圖。他選擇用一片凹面鏡做為主鏡，以捕捉光，把光反射到次鏡，次鏡再把光反射到目鏡。

牛頓在孩提時製作小水車和紙燈籠所練就的手藝，現在成為他的利器。他不只是天資縱橫的科學家，也是技術精良的工匠。牛頓用他的巧手，以山毛櫸和黃銅製作了一副望遠鏡，他在裡頭放了一片小到直徑只有約 5 公分的金屬鏡片。

這塊鏡片也出自牛頓的手工。他選擇以金屬做為鏡片材質，是因為金屬比玻璃容易製作。牛頓必須確保他的鏡片曲度完美符合他要的規格。牛頓在家裡的房間，用熔爐熔化銅、錫和有劇毒的砷，燒成合金，然後塑形，再打磨成鏡片。

牛頓寫了一封信給皇家學會，以第三人稱的方式描述了製作過程：

首先，他單獨熔化銅，然後放入砷，砷熔化後，稍微攪拌；此時要提高警覺，以免吸入有毒的煙霧。之後，他放入錫，一旦熔化（發生在轉瞬之間）就攪拌均勻，然後立刻倒出。

牛頓成功的迴避了色像差問題，更具革命性的是新望遠鏡的尺寸，小到可以拿在手裡，卻能把物體放大將近 40 倍。更棒的是，牛頓寫道，「昨天我把它和一座約 2 公尺的望遠鏡相比，發現我的望遠鏡不但放大倍率更高，成像也更清晰。」

牛頓一將他的創作公諸於世，這座小巧的望遠鏡立刻吸引了一些重要人士的目光。天文學家開始寫信給牛頓，向他請教關於這項發明的事。不久，皇家學會也聽到消息；1671 年末，在學會的要求下，巴羅教授親自帶著牛頓的發明前往倫敦。

牛頓的反射望遠鏡引起一陣大騷動，英王查理還親自用牛頓小巧精妙的發明觀測夜空。此後不久，牛頓獲選為皇家學會院士。由於沒有任何方法可以為牛頓註冊專利，學會特別費了一番心力，保障這位年輕的學者能對他的發明得到應有的名分。

皇家學會祕書奧登柏格寫了一封信給牛頓，提醒他會有不擇手段的發明家宣稱望遠鏡是他們的發明。奧登柏格寄給牛頓一份描述儀器的文件，請他「酌情增修」學會的報告，讓它更完美。唯有如此，皇家學會才能安心與其他科學家分享訊息，尤其是當時頂尖的天文學家——荷蘭的惠更斯。

知道自己的發明在皇家學會引起這麼大的轟動，牛頓難掩開心。皇家學會打開大門迎接他進入核心圈，他彷彿吃了定心丸，一度卸下他的高傲冷漠。牛頓提筆寫信，有如洪流衝破土牆般侃侃而談，解釋他那副小巧望遠鏡的種種。

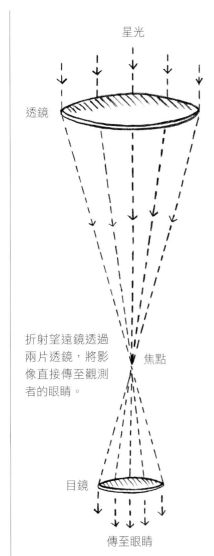

星光

透鏡

焦點

折射望遠鏡透過兩片透鏡，將影像直接傳至觀測者的眼睛。

目鏡

傳至眼睛

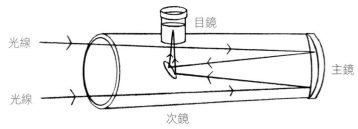

目鏡

光線

光線

主鏡

次鏡

反射式望遠鏡以凹面鏡捕捉影像，反射至次鏡，次鏡再將影像傳到目鏡。

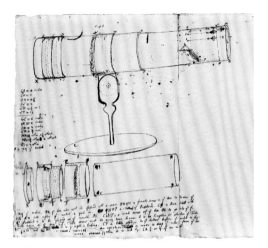

牛頓畫的反射望遠鏡素描。（美國國會圖書館 LC-USZ62-110449）

牛頓的反射望遠鏡。

牛頓更進一步向皇家學會承諾，他會另外寫一封信「完整描述我據以製作這副望遠鏡的理論發現」。他答應對皇家學會公開他關於顏色的理論。確實，牛頓對於這副小望遠鏡的能耐沒有什麼感覺。對牛頓而言，更重要的是他的望遠鏡所代表的意義：他解決了色像差的問題。那些惱人的光暈消失了。在牛頓看來，這才是真正的發現。毫無疑問，關於光的本質，不管牛頓怎麼說，皇家學會的自然哲學家現在一定會照單全收，深表贊同。

然而，關於這件事，牛頓可是大錯特錯。

光學的論戰

1672 年 2 月 6 日，牛頓寄出第一封〈論光與顏色的書信〉給皇家學會。這篇論文在接下來的學會會議中被大聲朗讀，學會祕書奧登柏格將這篇論文獲致的正面評論，彙集成一份滿紙讚譽的報告給牛頓。受寵若驚的牛頓立刻同意出版這篇報告。2 月 19 日，學會的《自然科學會報》刊出牛頓的〈論光與顏色〉。

接下來，麻煩開始了。有些事牛頓認為理所當然，但是對別人來說並非如此，即使是皇家學會許多聰慧的自然哲學家也一樣。

科學發展的早期，就已經出現問答形式，並一直沿用至今。有人提出某個觀念，其他人則提出問題，或提出自己的想法。在一來一往的問答裡，觀

念會愈來愈精練，甚至被淘汰。科學就是在這樣的過程中創新進步。

　　生性疏離又彆扭的牛頓，顯然無法在真誠的辯論裡與人交流。英格蘭皇家天文學家弗蘭斯提德批評了牛頓的論文。惠更斯從荷蘭寄來一封信，讚美牛頓的研究，但後來又來了一封信說，根據他自己的觀測結果，牛頓的主張或許並不正確。法國學者兼耶穌會教士巴蒂寫信給牛頓，提出一長串直接而尖銳的問題，但這些問題暴露出這個法國科學家完全不懂牛頓在說什麼。

　　牛頓似乎並沒有把弗蘭斯提德和巴蒂的批評放在心上，但他對於虎克這位皇家學會的年長會員卻特別心懷怨恨。虎克比牛頓年長七歲，是皇家學會的領導人物，聲名遠播且備受尊崇。他以《微物圖誌》一書奠定自己在學會裡的光學專家地位。

　　關於光的本質，虎克的想法與牛頓相互衝突。虎克寫了一封信給皇家學會，指出牛頓觀念裡的錯誤。虎克認為，牛頓的「書信」顯示，他相信光的傳導形式是穿越太空的微小脈衝，稱之為「微粒」；然而，虎克則是相信光的傳導形式不是粒子，而是波（光波）。虎克寫信給皇家學會，指稱牛頓的光學理論是錯誤的，是未經證實的主張。

　　但是虎克完全搞錯了重點，牛頓因此更加沮喪。他的論文是關於白光的本質，不是它以粒子方式傳導。牛頓認為，他的光學理論不折不扣是經過他實驗證明的理論。虎克居然有所質疑？

　　牛頓大發雷霆，接著是多年怒氣沖沖的書信往返。在皇家學會收到牛頓書信後負責發布的祕書奧登柏格，就這樣坐困於牛頓的怒火多年，無法脫身。他經常告誡牛頓要收斂他對虎克尖酸刻薄的批評。有時候牛頓還能克制

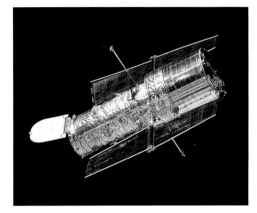

哈伯望遠鏡。

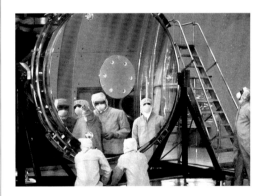

哈伯望遠鏡有個龐大的凹面鏡（細部圖），以捕捉太空深處的光。（NASA）

31ᴾ

Sir *ISAAC NEWTON* (1642-1727)

自己，但有時候他則是毫不掩飾對虎克的輕蔑。原本應該是專業領域的事務，牛頓卻把它視為個人恩怨。

不出幾個月，牛頓寫信給奧登柏格，表示希望全面退出皇家學會的活動。奧登柏格獻了一番殷勤才把牛頓安撫下來。奧登柏格的吹捧攻勢奏效，牛頓繼續留任皇家學會。

1675 年，牛頓前往倫敦，再次進入權勢圈裡打滾，結交重要人士。或許是為了讓他們驚豔，牛頓回到劍橋，寫了兩封信給皇家學會。第一封信是〈觀察緒論〉；30 年後，這篇文章重新出現在他的經典著作《光學》裡。第二封信的標題是〈解釋光屬性的假說〉。牛頓解釋，他想藉由這篇文章「演繹我之前提交的幾篇論文，讓它們更易於理解。你們從頁面的塗改和增行就能得知，它是在匆忙間寫就而成」，他特別補充說道。

牛頓的這篇論文可能真的是在匆忙之間完成，但它探討的主題，遠超過光的本質。事實上，這是他第一次公開他對宇宙本質的想法。是的，「光之屬性」討論他對光的觀念，但牛頓擴展了主題，討論到化學，也討論某種物質的神祕流動，他稱之為「以太」，它能讓行星依循軌道，繞著太陽運行。

虎克再度發難。這一次他指責牛頓提出的許多觀念，都已經出現在《微物圖誌》。奧登柏格祕書建議兩人直接通信（歷史學家認為，在處理牛頓與虎克宿怨的過程中，奧登柏格比較偏袒牛頓）。這兩人私底下彼此厭惡。然而，在精深詳盡的書信往返中，兩人似乎化解了歧異。他們以華麗的詞藻讚美對方的才智，以及觀念交流對彼此的增益。牛頓甚至承認，虎克的研究工作幫了他一個大忙：「如果我能看得更遠，那是因為我站在巨人的肩膀上。」

羅伯‧虎克

和牛頓相比，歷史學家對虎克（1635-1703）的態度仁慈多了。虎克是皇家學會成員，在自然哲學領域有卓越的發現，包括數學、化學、生物學和天文學。

1660 年，虎克發表了彈性定律（Law of Elasticity，譯注：又稱為「虎克定律」），指出「彈簧的彈力與拉長的長度呈正比」。這條科學定理的應用小自尋常簡單的工具，如橡皮筋，大至噴射飛機的機體設計，都不出它的範圍。

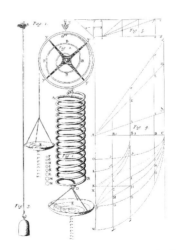

虎克畫的彈簧圖，用以說明他的彈性定律。（美國國會圖書館 LC － UASZ62-110461）

虎克運用早期的顯微鏡研究自然的奧祕，並畫下他的觀察。他把這些觀察集結成冊，出版《微物圖誌》，呈現從雪花結晶到常見的跳蚤等各種物體的奇妙圖像，是這類圖像專書的開創之作。細胞（cell）一詞的使用，也是虎克首創。

虎克是皇家學會理想的實驗主任。他曾與建築師雷恩合作，重建大火後的倫敦，為這個城市繪製新的街道規畫圖。虎克也設計建築；雷恩的傑作聖保羅大教堂，可能也採納了虎克的建議。

1678 年，虎克寫出另一則科學定理，也就是所謂的「反平方定律」。舉凡重力、光、電和磁力等作用，都受到這條定律所影響。這條定律是虎克針對行星運行所提出的想法；牛頓在 8 年後發表的《原理》一書，也涵蓋了相同的主題。不過，在《原理》

虎克的顯微鏡。（美國國會圖書館 LC － UASZ62-110443）

這本書中，牛頓運用驚人的數學技巧，輕輕鬆鬆就把虎克寫的內容給比了下去。接下來的 25 年，虎克對牛頓有所怨言，因為他認為他的科學研究值得牛頓表示一點尊敬。但是，牛頓不肯歸功給虎克，即使是一絲一毫都不願意。

1703 年，虎克逝世，牛頓繼任皇家學會會長之位。有謠傳牛頓毀損了虎克的肖像。然而，虎克對科學的貢獻仍然與世人同在，代代流傳。虎克受人愛戴，他挑戰別人的思維，讓每個人更努力工作，獲得更好的成果。

虎克畫的螞蟻圖。（美國國會圖書館 LC － UASZ62-110451）

牛頓環

虎克發現了一個以他的死對頭名字命名的光學現象──「牛頓環」。虎克透過顯微鏡觀察雲母薄片，看到一圈圈的同心環。雲母是一種礦物，由許多薄片組成，各薄片之間是空氣層。雲母的透光度良好，曾經被用來做燈罩的「玻璃」。虎克在他的《微物圖誌》裡收錄了這些環圈的圖像。

牛頓從虎克那裡得知這些環圈的事，於是把一片透鏡疊在一片平光玻璃上，自己進行研究。他也在肥皂泡泡和油膜觀察到同樣的現象。光穿透夾在曲面和平面之間的薄空氣層時，就會出現這些環圈，通常有明有暗。光波從空氣層的兩側反射，彼此干擾。有時候，牛頓環是彩色的，就像彩虹一樣。

發現這些環圈的或許是虎克，但只有牛頓擁有足以解釋它們的數學技巧。一如虎克的許多研究計畫，提出觀念的人是他，但榮耀屬於另一位更知名的自然哲學家。

藉由這個活動，你可以觀察到牛頓環（你也可以稱它們為「虎克環」）。

所需材料：

◆ 有陽光的實驗區域（或使用手電筒）
◆ 凹透鏡　◆ 一片平光透明玻璃
◆ 雜記本

將透鏡放置於玻璃上，凹面向上。「捕捉」一束陽光（或是用手電筒橫向照射透鏡，讓大部分光線落在透鏡外面）。觀察透鏡的邊緣，你應該會看到一系列層層相疊的線條。

你看到的就是牛頓環（嚴格來說是一段牛頓環）。在你的雜記本裡畫下這些線條。

視你做實驗的地方不同，你可能會看到各種不同的古怪投影浮現在透鏡上方。這些不是牛頓環，但也是很有趣的現象。

這部古董儀器向大學生展示牛頓環。你可以在放大圖裡看到牛頓環。（羅伯特‧提姆林提供，美國阿勒格尼學院）

86

牛頓可能真的是在讚揚虎克，但也有可能不是。或許牛頓相信的是，他的研究是站在其他科學家（巨人）過去努力的成果上。

牛頓很有可能是在取笑虎克，因為他知道虎克奇矮無比。

微積分之爭

正當牛頓忙著捍衛他的光學研究時，他聽聞了哥特弗利德‧威廉‧萊布尼茲的事。萊布尼茲是德國數學家，聰明才智幾乎和牛頓一樣光芒耀眼。萊布尼茲年僅二十歲便發表了一篇論文，為今日電腦的運算邏輯奠定基石。一如牛頓，萊布尼茲擁有很高的天分，他研究自然科學、哲學、語言和神學。一如牛頓，萊布尼茲獨力發展出微積分，儘管是在牛頓之後將近十年的事。也一如牛頓，萊布尼茲應邀到皇家學會展示他的新發明──自動計算機。

萊布尼茲想直接寫信給他在數學研究上的雙胞胎。然而，一如以往，牛頓拒絕與萊布尼茲直接聯絡，而是透過在倫敦聯絡站的數學家柯林斯轉信，柯林斯過世之後，這對極為相似的數學家因此斷了聯繫。喜歡避居劍橋的牛頓從來不知道萊布尼茲也像他一樣，自己發展出流數的觀念。萊布尼茲稱他的新類型數學為「微積分」，這個名字一直沿用至今。

學者知道萊布尼茲在 1676 年訪問倫敦時，柯林斯曾給他看了牛頓的數學論文。萊布尼茲當時記下他不了解的部分。但是關鍵在於，萊布尼茲沒有記下牛頓關於流數的論文內容；基於這個原因，歷史學家認為，萊布尼茲原本

萊布尼茲（1646-1716）。

天文學家用微積分找出太陽系裡所有行星的位置。（NASA）

用光驗證反平方定律

在你閱讀本書時，會看到「反平方定律」這個詞出現好幾次。牛頓用反平方定律描述兩個物體之間的引力。兩個物體的距離增加時，兩者之間的引力也隨之減弱。兩個物體的距離變為兩倍時，兩者之間的引力會變為 1/4。

牛頓還知道反平方定律會影響光的照明範圍。距離變為兩倍的星星，亮度不會是原來的一半，而是 1/4。

透過這個活動，你可以親自體驗距離造成的光度差異。

所需材料：

◆ 不透明膠帶　◆ 沒有燈罩的燈
◆ 捲尺　◆ 黑暗的房間　◆ 書

1. 用捲尺測量分別距離燈 60、120、240、480 公分（如果房間夠大的話）之處，並用不透明膠帶做標記。

2. 門窗關上，打開燈和書。站在距離燈 60 公分處，腳趾尖對齊標記。你能輕鬆閱覽書的內容嗎？退後，腳趾尖對齊 120 公分處的標記（從 60 公分到 120 公分處，你與燈的距離變為兩倍）。現在情況如何？是否還能輕鬆瀏覽書本？

3. 現在退到 240 公分處（你與燈的距離再次加倍，但是亮度會呈反

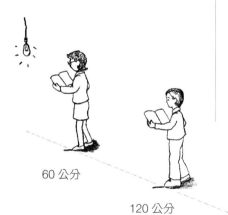

60 公分

120 公分

240 公分

平方降低）。光線情況如何？你能閱覽書本嗎？

4. 如果房間夠大，退到距離燈 480 公分處（你和光源的距離再次加倍）。這時書的內容還看得清楚嗎？

動動腦筋，好好想想：假設光的亮度代表引力，隨著你與燈的距離愈來愈遠，亮度也愈來愈弱，閱讀也愈來愈不易；引力也是同樣的道理，兩個物體之間的距離愈遠，引力也愈低。牛頓用數學式精準表達了兩者的關聯：

$F = 1/d^2$（力＝ 1/ 距離平方）。這就是反平方定律。

就理解牛頓的流數，畢竟他已經獨力研究出微積分。這項「優先權之爭」，也就是關於誰先發明微積分的爭議，糾纏兩人多年。

牛頓拒絕分享知識的習性，數十年後又回頭成為他的夢魘，釀成一場延燒全歐洲的微積分優先權爭端。要是牛頓當時能直接與萊布尼茲通信，兩人或許會找出化解的辦法，防範未來的歧異。但是，這時還有別的事在啃噬牛頓的身心；因為那些神祕的工作，牛頓徹夜未眠。

▨ 微積分

許多工作都會用到數學，以觀察變化的物體。例如，交通管理者研究卡車的滑行距離；美國太空總署的工程師精準預測機器人抵達火星表面的時間。在各種情況下，研究人員應用數學計算測試假設，找出結論。

萊布尼茲用「微積分」這個詞來描述新的數學分支。「微積分（calculus）」和「計算（calculate）」都源自同樣的拉丁字根「calx」，意思是用來記錄比賽分數的小石頭。

然而，牛頓用的「流數（fluxions）」，也貼切的描述了我們用以研究物體變化的數學。「flux」通常意指溪河的流動，拉丁文的字源是「fluere」（流動），和「fluus」（流動中的）。你曾經聽人說過某事「還有變化」（in flux）嗎？這表示事情還沒有成定局。

說真的，萊布尼茲的微積分和牛頓的流數一模一樣。他們也有共同的關注焦點。萊布尼茲和牛頓都想探究極值。物體能擴展到多大、多長？能縮到多小、多短？他們都在思考數字無限大或無限小的觀念。他們也都研究曲線，除了曲線斜度，還有如何計算曲線下的面積。

隨著時序進入 1700 年代，愈來愈多自然哲學家也開始在實驗裡運用微積分。今日的高中生和大學生也學微積分，用以研究物理、商業和歷史等各種領域。

有些研究人員認為，印度「喀拉拉學院」的學者曾發展出基本的微積分，比牛頓和萊布尼茲的時代早了250年。儘管我們從牛頓成堆累疊的手稿知道，牛頓習慣把別人的研究抄寫下來，以備日後進一步鑽研；但是，在微積分這個主題，我們卻找不到他曾經抄下別人研究成果的證據。

Chapter 6

牛頓的祕密歲月

到了 1673 年，牛頓在劍橋大學已經贏得足夠的影響力，可以獲得更大的工作空間。他在三一學院的房間有木梯直通外面的花園。有時候他會在花園裡的碎石路旁工作，在紙上塗塗寫寫，解數學題，或是畫畫。花園裡有個照顧植物的園丁可以供他使喚。

不過，花園裡其實別有天地。在隱蔽的高牆裡，牛頓有個私人實驗室，他自己打造了兩座鍋爐，用來加熱實驗材料。

除了好友魏克金斯和打掃人員，不曾有人踏入牛頓的祕密實驗室。牛頓在一堆玻璃安瓿ㄆㄨ（盛裝藥液的容器）、坩鍋（盛裝熔化金屬的容器）、漏斗和燒瓶間，埋首工作。在這個實驗室裡，連廢棄物都要保密，得偷偷摸摸的丟到花園與三一禮拜堂相鄰的遙遠牆角。

牛頓位於三一學院庭園的花園。
有樓梯通往他在二樓的房間。

中世紀的木刻，雕出煉金術士的鍋爐。

牛頓本來就喜歡保有祕密，但是他掩飾實驗室裡的研究是有特殊理由。牛頓在實驗室裡進行的是禁忌的煉金術。

遠自古代就有人從事煉金術。巴比倫、埃及、東印度、中國和阿拉伯都有人在實驗室追求一樣的目標，那就是把鉛、鐵之類的卑金屬轉化成金、銀等貴金屬。在歐洲，煉金術士也在做一樣的事，想到找到獲致鉅富和影響力之路。

這類探索都是私下默默進行。有些煉金術士被指稱涉足黑魔法和巫術，因此造成全部的煉金術士都被貼上惡名。在教會眼中，煉金術是一種罪惡，煉金者會受到嚴厲的制裁。國王和女王也不贊成煉金術，除非煉金術士找出製造金銀的方法，把它獻給王室。因此，煉金術必須化明為暗，祕密進行，這點相當迎合牛頓喜歡故弄玄虛的本性。

煉金術士還懷藏更多神祕的目的。他們大費周章想要找到一種神奇物質：一種稱作「哲學家之石」的液態物。他們認為哲學家之石是「原初物質」，含有宇宙存在的真實能量。他們相信這是能治癒疾病的生命靈藥。發現哲學家之石，就等於敲開永生的祕密之門。擁有哲學家之石的煉金術士，等於握有通往上帝心靈的鑰匙。

牛頓有自己獨門的煉金術。他蒐羅古代祕法，應用自己的科學方法，自創煉金術。他與其他煉金術士不同，他設計的其實是運用金屬、酸和鹼的實驗。

牛頓做實驗時，魏克金斯負責為鍋爐添煤炭。鍋爐的高熱能夠讓牛頓在陶製坩鍋裡熔化鉛和其他金屬。接著，魏克金斯幫忙牛頓抬起一鍋鍋沉重的

滾燙液態金屬。奇怪的是，魏克金斯似乎不曾發現他的室友究竟在做什麼。

接下來，牛頓會混合這些熔化的金屬，觀察它們如何變成合金（金屬混合物）。有時候，他的實驗會產出金銀合金。在魏克金斯的協助下，牛頓逐一揭開金屬的性質，觀察金屬與礬油（硫酸）、硝強水（硝酸）等其他化學物質混合時產生的現象。

牛頓像瘋子般狂熱的投入實驗，經常埋頭苦幹直到深夜，衣服也不換，倒頭就睡，一醒來立刻開始工作。他會走出房間到戶外散步，而後轉身奔上樓梯，在筆記裡寫下某些東西。他會忘記吃飯，或是把已經冰冷凝稠的隔夜晚餐當成早餐吞下肚。

和三餐比起來，牛頓顯然對攪拌自己創造的化學湯更專注。金屬「烹調」好時，他聞嗅氣味；等到化學混合物冷卻，他品嘗味道。他使用的金屬，許多都具有高度毒性，尤其是水銀和銻，而牛頓居然沒有中毒，大腦也沒有受損，真的十分幸運。

在牛頓之前的煉金術士，以希臘羅馬神話眾神及女神的名字為金屬命名，牛頓也沿用這些符號。這些暱稱反映了金屬和同名人物的特質。例如，牛頓用「☿」代表汞（mercury）。汞又稱「水銀」，因為它在室溫下會像荷葉上的露珠般滾動。汞取自天神墨丘利（Mercury）之名，他腳上那雙有翅膀的涼鞋能帶著他快速來去；萬能的天神薩頓（Saturn）蘊涵鉛緊實、沉甸甸的質地。動人的美神維納斯（Venus）則借名給銅，形容它的柔軟和美。牛頓還用了其他密碼。在煉金術士的國度，金和銀至高無上，因此金是「太陽」，銀是「月亮」；此外，金也代表「國王」，銀則是「王后」。

牛頓鑽研每一本他能蒐羅到的煉金術手稿，抄寫一份放在他的實驗室備用。煉金術士相信，古老的神話就像某種路線圖，是通往製作金或銀的神奇路徑。這些手稿看起來就像繁複的長詩，又像童話，以各種金屬和化學物質的符號代表故事裡的人物角色。

煉金術士認為，就如神話裡偉大的男女角色，金屬也分陽性和陰性，兩者必須結合才能有新的創造物。只要能解開古文裡的密碼，就能找點石成金的祕方。牛頓在學校研習古典學時閱讀了許多神話，那些神話都在他的腦海裡生了根，他在推敲煉金術的手稿時，都能信手拈來，從中尋找破解意義的線索。接著，牛頓把這些手稿轉變成實際的實驗，躲在三一學院的花園裡進行。

當然，牛頓絕不是平凡的煉金術士。他的優勢在於他高超的數學技巧，加上對實際運用金屬和化學物質做實驗的那股狂熱。牛頓漸漸明白，即使是煉金術，都蘊藏著真實的化學變化過程。

一如所有令牛頓感興趣的主題，他也用一本筆記本記錄他的煉金術研究。牛頓在劍橋三一學院生活、研究的 30 年間，進行了約 400 項煉金術實驗。牛頓根據他的煉金術研究撰寫而成《化學索引》，做為他所發現的所有煉金術相關文獻的指南。這本指南有 879 筆標題、5,000 頁的參考文獻和 100 位作者的參照，由此可見，牛頓顯然已精通此道。

一講到煉金術，人們通常會聯想到巫師、蛇、裝著古怪藥湯的沸騰鍋鼎等畫面。但是，這不是牛頓在做的事，他之所以從事煉金術，似乎也不是為了想把鉛塊變成金子。牛頓在尋找的，極有可能是更傾向心靈本質的祕密。

藉著煉金術，他踏上了哲學家之石的追尋旅程。

　　牛頓渴望透過煉金術的實驗找到「原初物質」，它連結了宇宙萬事萬物，成為一個可以簡單解釋的體系。牛頓深信，簡單才是王道。

牛頓驚異的觀察到，由礦石提煉出的金屬銻與鐵作用後，會轉化成「雷古拉斯星」；這是一種看起來像星星的礦物，也是國王的名字。

░ 牛頓採用的煉金術符號

煉金術名詞	符號	煉金術名詞	符號	煉金術名詞	符號
銻	♁	下弦月	☾	銻化銅鹽	☿
銻礦	♁	鉛礦	♄	天蠍座	♏
硝強水	▽	火星（鐵）	♂	硫	♄
寶瓶座	♒	油	♋	金（太陽）	☉
牡羊座	♈	盎司符號	℥	錫（朱比特）	♃
鉍（海王星、三叉戟）	♆	雙魚座	♓	錫礦	♃
巨蟹座	♋	處方	℞	醋	✳
反獅子座	♌	鹽	⊖	白沙漏	⧖
鐵礦	♂	銻鹽	♁		

煉金術士選希臘天神朱比特，代表錫這種金屬的特質。錫片搖動會發出像雷的聲音，而打雷正是朱比特的特殊能力。（美國國會圖書館 LC-USZ62-123889）

化學

　　雖然牛頓在 1675 年時願意公開他的光學理論，他卻斬釘截鐵的嚴禁他的煉金術研究攤在陽光下。兩個世紀過去後，才有學者從牛頓那厚厚一疊、多達百萬字的論文裡，發現他在進行一些非常機密的研究。沒錯，牛頓是煉金術士，但他把這件事隱藏得天衣無縫。

　　牛頓在 1600 年代晚期著手研究煉金術時，這門技術正要跨入一個全新的科學領域，那就是波以耳所稱的「化學」。波以耳也是自然哲學家，被尊稱為現代化學之父。他在化學與煉金術穿梭遊走。他和牛頓發現的許多實驗技術都同時跨足兩個領域。

　　波以耳大約比牛頓年長一個世代，在當時算是相當高齡的學者。牛頓在 1675 年與波以耳在皇家學會相遇。牛頓知道波以耳是煉金術士，也是化學的學徒，於是開始與他通信。他們的信件流露出兩人對學習的熱情；他們感興趣的不只是煉金程序本身，而是表面現象背後的原因。

　　許多人不認為煉金術是純科學，但無疑的，身為煉金術士的波以耳和牛頓有珍貴的發現。其實，他們鑽研的祕密為 1700 年代的化學家奠定了根基，為追隨他們腳步的普利斯特里、法拉第等人開路。

牛頓研讀的煉金術手稿中，有一本收錄了瓦倫丁的詩。這位過世已久的煉金術士據說是個隱修士，「瓦倫丁」這個活潑又俗世化的名字是他用來發表煉金術的暱稱。瓦倫丁寫了許多煉金術的論文，牛頓把它們手抄下來收藏，其中包括出自《縮影之謎》的這首詩。

請你試著運用之前學到的代號，猜猜瓦倫丁在說什麼？（答案在本頁下方的顛倒印刷文字。）這首詩暗藏線索，為牛頓和許許多多煉金術士追尋的祕密目標指引方向。

以下是幫助你解答的一些提示：瓦倫丁這首詩的關鍵字都標示了底線。金、銀、汞、銅、鐵、錫、鉛和銻都是牛頓做實驗的金屬。「綠色」用於與生命和成長有關的所有意義，此外也代表銅，因為地裡的銅是綠色的。

哲學家如是說：
榮耀的世界之王，是明亮的太陽。
太陽後裔的照顧者，是月亮。
兩人在墨丘利的見證下永結同心。
除非維納斯女神眷顧你，就是成為戰神馬爾斯伴侶的那一位。
若無她助一臂之力，無論你做何事，終將徒勞一場空。

不可小覷朱比特的恩惠。
薩頓看來儘管又老又黑，內蘊的繽紛將現，由黑而白，由白而紅，
高高行在柱椿上，至死方休。
待他復又回魂重生，從此以後，靜默養息。

綠衣女郎哭喊著：哦，我親愛的孩子啊！銻啊銻，請來幫助我。
尊貴之鹽，請保護我，讓我這可憐人不要走入悲慘的終局。

謎底揭曉：
世界之王是金，明亮的太陽。
月亮，則是銀。
墨丘利，便是汞。
維納斯女神是銅。
戰神馬爾斯是鐵。
朱比特是錫。
薩頓是鉛。
尊貴之鹽，指的是火。

尋找上帝

1670 年代早期，牛頓打開另一本筆記本，開始寫東寫西。不過這一次他的興趣跳脫了自然哲學，進入神學：他要研究上帝。牛頓是熱切的信徒。他堅信上帝創造萬物。牛頓相信，放眼所及的所有事物，從行星在天空裡的運行，到他在實驗室裡所觀察到最細微的化學變化，背後都有上帝的手。

牛頓也面對著內心的掙扎。他有強烈的道德標準，擔心自己靈魂的處境。他在十八、九歲初抵三一學院時，曾於復活節期間在筆記裡詳細列出他的罪過。其中有些罪過顯示，牛頓和同母異父的弟弟妹妹會產生手足間常見的口角，在學校也會和同學有摩擦。有些則隱約顯示即使牛頓上了大學，仍然對於母親當年把他留在伍爾斯索普、離家改嫁給史密斯心懷不滿憤怒。

至於他列出的第 13 條罪名：他十歲時繼父過世，母親回到伍爾斯索普。這些心酸的回憶，還有他犯下的過失，顯然跟著他很長一段時間。不過在母親的餘生，牛頓仍然對她竭盡心力；牛頓在將近四十歲時，曾長時間待在伍爾期索普照顧母親，直到母親過世。

1670 年，牛頓的宗教信仰面臨到切身的問題。他現在是三一學院的重要人物，而就像三一學院所有的教授一樣，他應該要在 1675 年以前接受聖職的任命，成為英格蘭教會按立的牧師。若非如此，他就必須放棄盧卡斯數學教授的職位。

牛頓無法接受英格蘭教會的一項根本教義。一如所有基督教會，聖公會

這幅圖像是某個人想像的上帝面貌。（美國國會圖書館 LC-USZ62-50185）

牛頓寫下的罪過表

1. 公開直呼祂的名諱
2. 在祂的殿（教堂）吃蘋果
3. 在主日（星期天）製作鵝毛筆
4. 否認鵝毛筆是我做的
5. 在主日製作捕鼠器
6. 在主日製造管鐘（有響鈴聲）
7. 在主日噴水
8. 在主日晚上做派餅
9. 在主日到游泳池游泳
10. 在主日捉弄約翰・奇斯，把大頭針放進他的帽子裡
11. 聽牧師講道時心不在焉
12. 母親要我去一趟院子，我拒絕了
13. 威脅母親和繼父，說要燒掉他們的房子
14. 希望某些人死亡
15. 打了很多人
16. 有不潔的思想、語言、行為和夢
17. 偷了艾都華・史多爾的櫻桃圓麵包
18. 否認麵包是我偷的
19. 不肯把十字弓拿給母親和祖母，雖然我知道在哪裡
20. 心思放在金錢得到的喜樂，勝過專注於上帝的教導
21. 舊過重犯
22. 舊過重犯
23. 再次違背我在聖餐時新立的約
24. 揍了妹妹
25. 偷了母親的一箱李子和糖
26. 罵迪若絲・羅絲是嘮叨的女人
27. 在病中暴飲暴食
28. 惹母親生氣
29. 惹妹妹生氣
30. 和僕人鬧翻
31. 沒有盡責做好日常事務
32. 在主日和其他時間閒聊
33. 沒有真誠懇切的親近上帝
34. 沒有遵照信仰而生活
35. 沒有為主而愛主
36. 沒有為主給我們的恩典而愛主（牛頓沒有列出第 37 點）
38. 沒有對主的律法滿懷渴慕
39. 沒有熱切的渴慕主……
40. 懼怕人類勝於懼怕上帝
41. 用不法的手段擺脫憂愁勞煩
42. 關心世俗勝於關注於上帝
43. 沒有誠心盡力請求上帝的祝福
44. 沒有去做禮拜
45. 打了亞瑟・史多爾
46. 為了一片麵包和奶油惹火克拉克先生
47. 用銅幣行騙
48. 在週日早上編繩
49. 在主日閱讀基督教捍衛者的歷史

水晶花園

牛頓的煉金術研究紀錄顯示他相信「繁殖說」，也就是金屬會增生。其實，人們也經常說，綿延地底的金、銀、鐵和銅等礦物質的礦脈形狀有如手指。牛頓會認為金屬在地底下生長，有如植物和樹在地表上生長，似乎也順理成章。

現在，只要一些日常材料，你就可以用廚房裡的盤子「種」金屬。每天觀察變化，你就能了解，牛頓為什麼會認為礦物會繁殖。（本活動需由大人陪同）

所需材料：
- 混合材料用的大碗
- 兩大匙食用鹽（不含碘）
- 4 大匙的水 ◆ 塑膠湯匙
- 兩大匙家用氨水 ◆ 雜記本
- 洗衣用上藍劑（洗衣用劑，雜貨店或五金行有販售）
- 幾片細隙氣孔材料，如煤、磚或石頭

- 玻璃或陶瓷盤
- 食用色素

將鹽加入裝了水的碗裡，攪拌至完全或盡可能完全溶化。請大人幫忙在碗裡加入氨水和上藍劑，充分混合。小心的把溶液澆在放在盤裡的氣孔材上。把碗徹底洗淨。

把裝滿的盤子放在蔭涼處。千萬不要動它！如果你希望你的花園有些色彩，可以在藍色溶液裡滴幾滴食用色素。

隔天看看出現了什麼變化。晶體開始長出來了嗎？保持每天觀察，

把你的觀察畫在雜記本裡。一或兩週後，你盤子裡的水晶花園將會開滿。小心──它可是很脆弱的！

盤子裡生成的晶體其實是鹽的結晶，就是你一開始溶入水裡的那些鹽。氨可以加速水的蒸發，鹽結晶會攀附在懸浮於上藍劑裡的微粒子。氣孔材裡的孔隙會把藍色溶液往上吸，稱之為「毛細管作用」。毛細管作用促使鹽結晶不斷形成。

事實上，如果你在盤子底部繼續補充水／鹽／氨水／上藍劑溶液，花園就會繼續生長，再維持好幾週。

第 3 天

第 6 天

第 10 天

也認同三位一體論。牛頓從小到大都在教會學到，天父上帝、聖子耶穌基督和聖靈各有其位格，但又都合而同為一體。關於這項教會最重要的信條之一，傳道人的解釋是「三合一，一分三」。根據基督教義，耶穌是上帝之子，也是上帝本身。基督教宣稱，耶穌是完整的人，也具有完全的神性。

但等到年齡漸長，牛頓不再相信三位一體論。他認同基督教會早期的修道士亞流的觀念。亞流是 300 年代的人，住在埃及。亞流派就是以他命名。他相信耶穌確實具有神性，但與上帝完全不同。信奉亞流派是異端行為，牛頓會因此成為違背英格蘭教會的叛教者。

牛頓陷入天人交戰。在他內心深處，他知道自己無法完成按立典禮成為牧師，他無法手按《聖經》發誓自己相信三位一體論。但是他不能顯露他對耶穌本質的真正想法，這麼做會被英格蘭教會驅逐，被趕出教會和劍橋大學，他的聲譽會一夕崩毀，永遠也別想在大學裡找到工作。牛頓不動聲色，只是開始放出風聲，他可能得離開三一學院。

牛頓研讀《聖經》，尋找能找到支持自己信念的確據。他在筆記本裡寫下 12 條陳述，解釋他的觀點，但他沒有給任何人看。牛頓寫道，整本《聖經》完全沒有提到三位一體。三一論會被提出來，源自早期基督教會領袖在 320 年代的一場會議。牛頓解釋，有一派人主張三一論，但有另一派支持亞流的觀點。一場政治爭議由此引爆，最後由擁護三一論的一方勝出，掌管了教會。然而對牛頓而言，三一論是錯誤的教義。

不管如何，牛頓在這個問題上，還是成功的為自己解套。1668 年 8 月，他去了一趟倫敦，請求免於接受按立為牧師，但想保留他在三一學院的數學

此畫作以擁有三張臉的單一個體表現三位一體的概念。（美國國會圖書館 LC-USZ62-50185）

教授職位。

　　牛頓向英國教會最高領袖英王查理二世本人提出請求。查理王准許了牛頓的請求，原因可能是巴羅教授的促請；巴羅是牛頓之前的教授，現在已成為聖公會牧師，也是英王的顧問。牛頓似乎並不曾向巴羅解釋真正的原因，而是編織了其他藉口，而巴羅也相信了他。不管怎麼樣，事情總算解決了。也是從那個時候開始，盧卡斯的任職者不必非得成為牧師不可。

　　牛頓展開破解上帝心思的追尋之旅。他不斷鑽研《聖經》，尋找兆象和預言。他想預知未來，於是熱切的研讀先知書，也就是希伯來文的《但以理書》，以及《新約》的《啟示錄》，查找經文對未來事件的預言。根據基督教義，在人類的末日來臨之時，上帝會再臨，在地上重建一個國度。因此，牛頓在《聖經》裡蒐尋線索，預測上帝再來的時間。

　　牛頓也檢視了古耶路撒冷所羅門聖殿的平面圖。這是猶太教徒至高的聖殿。牛頓尊崇所羅門王，認為他是古代最偉大的人物之一。牛頓推測，所羅門設計這座聖殿，不只是做為聖所，也藏有關於地上全人類未來的祕密指引。

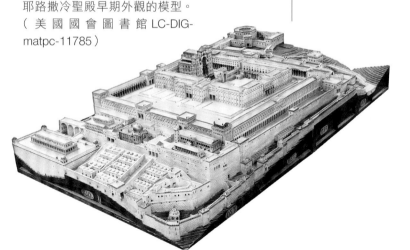

耶路撒冷聖殿早期外觀的模型。
（美國國會圖書館 LC-DIG-
matpc-11785）

敞開心胸又關上心門

　　幾乎不曾有人了解牛頓的內心世界和實驗室個中究竟如何，即使是在他身邊生活的人，也無法完全理解他所做

教會、國王和言論自由

為什麼牛頓和伽利略對於他的信仰不敢暢所欲言？在他們的時代，提出反對政府或教會言論的人會面臨刑罰，甚至判處死刑。國王主宰人民的身體，教會主宰人民的靈魂。

一個人無論是否受過教育，面對他們無法理解的事物都會心懷恐懼。他們害怕能施邪惡咒語的女巫，也害怕會附身的惡魔。他們相信，上帝降下火災、洪水和疾病，是為了懲罰罪人。人死後，上帝甚至會施加更嚴厲的懲罰——烈火煉獄的永恆詛咒。

許多思想自由的人，因為批評政府而像個罪犯般被送上絞刑台。違抗教會規條的人，不管是羅馬天主教徒、路德教徒或聖公會教徒，都要被處死。教會人員指控他們施巫術或行異端，把他們綁在火堆上燒死，以清潔他們的靈魂。在美國殖民地，這類想法也很常見。1692 年麻薩諸塞州的塞冷鎮，20 名男女被指控施行巫術，不是被吊死，就是用重石壓死。

幾個世紀以來，民主社會的進步，保障了政治和宗教信仰的言論自由。歐洲再也沒有國王或女王擁有至高絕對的權力，可以懲處反對者。教會領袖也不能對質疑教會教義的人施以監禁或火刑。世界各地的民主體制，在自由、開放社會的演變過程裡，也發展出對宗教和政治的包容傳統；時至今日，民主體制相信，宗教及政治言論的自由是基本人權。

1640 年，英國清教徒政府逮捕沒有按照清教徒規定敬拜的不服從者。

《證明女巫與精靈存在》一書，1684 年於倫敦印刷。同一年，牛頓開始撰寫《原理》。（格拉斯哥大學圖書館，特藏區。）

研究的深度。魏克金斯幫牛頓複寫的數百份文件，完全沒有涉及煉金術和神學。魏克金斯不曾懷疑他的室友是異端，要是他發現真相，一定會驚恐萬分。牛頓把自己的研究和信仰藏得密不透風。

魏克金斯對牛頓的事所言極少，魏克金斯離開劍橋後，似乎也把與牛頓這個朋友日常相處的種種細節拋到腦後。他沒有留下個人的劍橋歲月回憶錄。魏克金斯的兒子曾問起父親與牛頓做室友的那段時光，魏克金斯只記得牛頓「專注於研究時，常忘了吃飯」，還有，若是前一晚的研究有了重大發現，隔天早上牛頓就會顯得很愉快。

魏克金斯離開劍橋後，牛頓需要新助手。他最後找來年輕的韓福瑞·牛頓（Humphrey Newton；兩人沒有親戚關係），他們曾在格蘭特罕就讀同一所學校。韓福瑞在牛頓身邊工作了5年，與魏克金斯不同的是，他留下了幾封書信，其中描述到他老闆的怪癖。牛頓逝世後，想為牛頓作傳而著手蒐集資料的作家，曾找到韓福瑞進行訪談，一探這

四十六歲的牛頓。

位神祕科學家的真貌。這些文件勾勒出那段神祕歲月裡，牛頓埋首於實驗室賣力研究的景況：

他很少在 2、3 點以前上床睡覺，有時甚至要到 5、6 點，每天只睡 4、5 個小時，尤其是春天和秋天期間，他通常會挪出 6 週待在他的實驗室，這時不管白天或晚上，實驗室的火幾乎沒有熄過。他會整晚熬夜工作，等他結束一項化學實驗，我就接著做另一項。做實驗時的他，講求精準、嚴格、確實：他的目標究竟是什麼，我無法參透，只能看到他在某些時候表現出來的痛苦和愉悅。我不禁想，他的目標應該已經超越了人類的技藝和勤奮可及的範圍。

韓福瑞顯然完全不知道牛頓在進行煉金術。牛頓就是有辦法與另一個人並肩共事多年，卻完全不透露他內心深處的想法。他有令人欣喜的發現，也會深深陷入沮喪。不管高興或失落，其他人都不會知曉。韓福瑞特別提到他在擔任牛頓助手的 5 年期間，只看過牛頓的笑容一次。

牛頓鑽研的不是巫術，但任何人若是看到三十歲的他，恐怕都會認為他是巫師，因為他一頭及肩長髮（留長髮是當時的流行）是銀灰色的。牛頓的心智，對新觀念毫無保留的開放，卻對身邊的人緊緊關閉。

Chapter 7

科學世界
最重要的一本書

16 84 年某個嚴寒的 1 月天，可能是在倫敦的某間咖啡館，虎克、雷恩和哈雷圍坐一桌，熱烈的高談闊論。皇家學會會員經常聚會，以交換見聞、議論時事，就像這三人一樣。這一天，他們的話題是自然哲學，尤其著重在行星和運行軌道的本質。行星為什麼會繞著太陽運行？行星為什麼不會在太空裡橫衝直撞？

三人都認同克卜勒於 150 年前提出的理論是正確的，同意行星繞行太陽的軌道是橢圓形的，也都相信行星與太陽之間隱藏著一種連結，它的背後有一條法則，那就是反平方定律。可是虎克、雷恩和哈雷共同的問題是：他們沒有辦法證明他們的想法。他們不會數學。

牛頓絕對有解答。據說，雷恩用一本非常昂貴的書做為懸賞，虎克或哈雷誰能從牛頓那裡得到答案，就能得到這份珍貴的大禮。

虎克不打算和他的死對頭牛頓有任何瓜葛。但是7個月後，哈雷去見了牛頓。1684年8月，哈雷沒有預先告知就出現在劍橋，向牛頓提出他的問題。牛頓是否有行星以橢圓軌道繞行太陽的證據？

牛頓肯定的回答讓讓哈雷雀躍不已。牛頓對自己的答案很有把握。早在10多年前他就已經找出解答，把證明寫在紙上。但是，高深莫測的牛頓起身翻找文件時，顯然有了別的想法，於是佯稱不知道把東西放到哪裡去了。不過，牛頓請哈雷先回倫敦，並答應哈雷，只要一「找到」，就會馬上寄去給他。

3個月後，對別人仍然沒有信任感的牛頓「發現」了證明文件。1684年12月，哈雷收到一篇長達9頁的文章，〈物體在軌道中之運動〉。哈雷讀著牛頓的論文（當然是用拉丁文寫成的），內心驚異不已。牛頓的闡釋全然是天才之作。哈雷知道，他必須勸牛頓把更多他的想法化為文字。

哈雷在那年稍早的劍橋之旅裡，就滿喜歡牛頓這個奇特的怪人。牛頓也喜歡哈雷。但是，牛頓在哈雷一段時間的勸哄下，才終於答應哈雷的請求。牛頓把寥寥9頁的〈物體在軌道中之運動〉進一步延伸，擴寫成歷史上最偉大的著作之一，那就是《自然哲學的數學原理》。

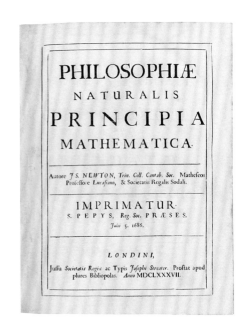

牛頓曠世巨作《原理》的書名頁。

咖啡館一景，大約西元1700年。（美國國會圖書館 LC-USZ62-47443）

哈雷和他的彗星

製皂匠之子艾德蒙‧哈雷（1656 – 1742），雖然離開了牛津，卻成為英國最有名的天文學家。

像牛頓一樣，哈雷也擁有活躍的好奇心和數學天分。學生時期，他曾到格林威治天文台拜訪英國皇家天文學家弗蘭斯提德。哈雷觀察弗蘭斯提德如何為星星編目，就此迷上了天文學。

外向的哈雷必須把遁世的牛頓引出他的殼。哈雷對牛頓使出渾身解數，哄誘、鼓勵，甚至極盡巴結，終於說動牛頓寫出《原理》。哈雷不過是區區一個皇家學會職員，還有家庭要養，但多虧了他掏光銀行帳戶，《原理》這本書才能夠出版。

弗蘭斯提德過世後，牛頓保薦哈雷繼任新科皇家天文學家一職。哈雷確實理解牛頓的《原理》，並應用牛頓的數學，了解彗星的飛行路徑。

印在雪茄盒上的哈雷畫像。

1910 年出現的哈雷彗星。（美國國會圖書館 LC-USZ62-89893）

一直到 1500 年代初期，人們都認為彗星是以直線行進。但是牛頓和哈雷認為，彗星的行進路徑可能是雙曲線或拋物線。1680 年，哈雷回顧了古代的紀錄。他靠著紙和筆，為數百年間出現的 24 顆彗星建立了龐大的資料庫。哈雷發現至少有 3 顆彗星的軌道其實是非常長的橢圓形，根本不是拋物線。哈雷也認為，出現在 1531 年、1607 年和 1682 年的彗星是同一顆。

哈雷預測，這顆在 1682 年出現的彗星，會在 75 或 76 年後再次經過地球。哈雷逝世後，那顆彗星果然在 1758 年出現，千真萬確。自此之後，哈雷說的那顆彗星（現在名為「哈雷彗星」）會在固定的時間重返地球上空，分別是 1835 年、1910 和 1986 年。它下一次經過地球將是在 2061 年，你可以在月曆上做個注記。

牛頓一開始寫作就停不下來。他隱身於他在劍橋的房間，拿著鵝毛筆蘸墨，一頁又一頁寫下《原理》。兩年多的時間，他除了寫書，其他什麼都不做。他將書稿分批逐次送去給哈雷；每一次哈雷都滿心興奮，引頸期待。

牛頓的書得以出版，天文學家哈雷是最重要的推手。皇家學會同意出版《原理》，但不提供任何資金。學會之前出版《魚的歷史》一書，虧損了一大筆錢。因此，是哈雷湊齊了出版所需的經費。他冒著負債的風險，自己支付所有帳單。但是事實證明，哈雷這一把賭對了。《原理》出版後所得到的讚譽，超越了所有科學著作。

行星的法則

牛頓的《原理》集結了 20 年來對萬物本質的觀察、研究和思考。牛頓用了數百頁的篇幅，洋洋灑灑的闡述他的觀念。《原理》以一系列名詞定義開場，做為牛頓對自然世界的思考基礎。直到今日的物理學研究，這些定義仍然成立：

物質（Matter）：*占有空間的物體*

質量（Mass）：*物質大小的度量*

動量（Momentum）：*動力的量，是速度和質量的乘積*

慣性（Inertia）：*靜態物體保持靜態、動態物體保持直線行進的力量*

22P
1987
MOTION OF BODIES IN ELLIPSES
Sir *ISAAC NEWTON* (1642-1727)

力（Force）：*施加於物體的動作*

向心力（Centripetal Force）：*朝物體中心移動的吸引力（如地心引力）*

牛頓一建構好這些定義，便展現出三大運動定律：

1. **慣性定律（Law of Inertia）**：*除非有外力干擾，否則運動中的物體會保持運動，靜態的物體會保持靜態。*
2. **加速度定律（Law of Acceleration）**：*物體動量的變化率與受力呈比例關係。*
3. **作用與反作用力定律（Law of Action and Reaction）**：*任何施力都會產生相同的作用力和反作用力。*

儘管牛頓的三大運動定律極具開創性，在《原理》一書中卻只是為全書最重要的觀念當踏腳石，那就是萬有引力定律。當牛頓注視夜空，他領悟到地球、月球、行星和恆星都依循同一套公式運行。牛頓「悟道」了，這個「道」就是「引力」。在《原理》這本書裡，牛頓用數學證明引力如何作用。

哈雷和皇家學會的會員讀到《原理》時，震撼不已。在西方科學世界，對於連結宇宙秩序的神祕力量，能夠提出萬有引力解釋的，牛頓是空前第一人。《原理》推翻了兩千年來以亞里斯多德學說為基礎的信念。亞里斯多德認為，地球有自己的一套運行規則，太陽、月球、行星和恆星的運行規則另有不同。牛頓宣稱，所見的萬物都遵循同一套規則——即使是不可見的事物，

牛頓第一定律

在牛頓的時代，人們相信物體的運動來自它的「動力」。例如，大部分人認為，丟出去的球是因為得到動力而飛出去，直到動力耗盡時落地。

牛頓卻有不同的看法。他的第一運動定律如下：

物體靜者，恆靜
物體動者，恆動

牛頓的意思是，任何運動的物體會一直保持運動狀態，除非遇到外力改變它的速度或方向。同理，靜止不動的物體，除非遇到外力讓它動，否則會保持靜止不動。物體這種抗拒改變動態的特性稱為「慣性」。

你只需要用居家日常用品就能做實驗證明慣性。

所需材料：

◆ 厚卡紙（如索引紙卡）
◆ 桌子　◆ 10 元硬幣
◆ 1 元硬幣　◆ 彈珠

將紙卡放在桌緣，紙緣超出桌緣。把 10 元硬幣放在紙卡上。

快速朝自己抽出紙卡。如果你做對了，10 元硬幣應該會留在桌上。請不斷練習，直到成功為止。

10 元硬幣為什麼為留在桌上？

你把卡紙從硬幣下方抽出時，硬幣因為有慣性，所以會保持在原位不動。

用 1 元硬幣試試看。哪一個硬幣的慣性較強？為什麼？物體慣性增加的原因為何？

動動腦：你曾經看過魔術師把桌布從一桌擺好的餐具下方抽出來嗎？為什麼會這樣？這是哪一個牛頓運動定律的作用？

現在，在長廊滾動彈珠，彈珠最後一定會停下來。為什麼？

彈珠停下來的原因，不是被另一個物體擋住，就是因為地板的摩擦力而變慢，最後停了下來。用同一顆彈珠在地毯上滾動，它會比較快停下來嗎？為什麼？

動動腦：要如何才能讓滾動的彈珠永遠不停下來？

也幾乎不例外。牛頓再一次展現：簡單才是王道。

《原理》是牛頓原創物理學觀念的高峰，接下來的 20 年，他將這本曠世奇作加以琢磨和編修，分為三冊。他指出，引力和運動定律在遠距也能作用。他認為同樣的定律也能延伸應用至小到人類肉眼不可見的物體。不過 1680 年代的透鏡品質還不夠好，他無法親自驗證他提出的觀念。

引力：世界的體系

對現今的學生來說，牛頓的運動定律是相當熟悉且看似容易理解。但是在 1687 年，許多受過教育的人，觀念仍然停留在中世紀，相信行星和恆星以自身的動力運行。他們沒有引力的觀念，還不懂為什麼「往上丟的東西一定會掉下來」，也無法理解為什麼外太空的物體，以及我們雙腳能穩穩的站在地球上是依循同一套法則。

今日的科學家稱牛頓對萬物的觀點為「機械式宇宙觀」。笛卡兒也認為宇宙的運行有如一部龐大的機器，但是牛頓不認同笛卡兒宣稱行星以渦漩運行。牛頓寫道，讓所有大小遠近的物體如機器般完美協調運作的不是渦漩，而是引力。

牛頓將宇宙比喻成一部龐大的機械鐘。鐘的運作可以測量、可以計數。牛頓表示，在引力的作用下，宇宙也以同樣的方式運作，引力在太空裡的作用，與在地球上一模一樣。牛頓發展出萬有引力理論。

牛頓第二定律

牛頓的第二運動定律是以第一定律為基礎：對物體施力，它會運動。有兩個原因：

施加於物體的淨力
物體本身的質量

力和質量的作用互有關聯。物體的質量愈大，就需要愈大的力才會移動。物理學家把這些規則總結成一個公式：

力＝質量 × 加速度

現在，你可以開始做實驗了。

所需材料：

◆ 滑板
◆ 幾件重物（如厚重的書或磚塊）

推一下空的滑板，看它滾動。你的推動創造了淨力；你是推動滑板的唯一外力。

現在，在滑板上放置書或磚塊。用與前一次同樣的力量再次推動滑板。你有什麼感覺？為什麼？沒錯，滑板的質量因為加了磚塊而變多了，因此變得更難推動。

現在改變你的力道——增加推力。你注意到什麼？力和質量的關聯為何？

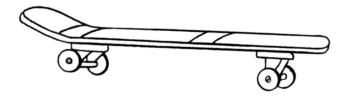

牛頓以月亮為例，說明他對引力的主張。月亮容易觀測，28 天的軌道週期也易於追蹤記錄。他把運動定律應用於月球軌道，如下：

月球永遠朝向地球落下（引力法則），但是，由於慣性，月球永遠以直線行進（第一運動定律）。
因此，
月球依循軌道繞行地球。

一如研究光學，牛頓也用實驗測試他對引力的觀念。《原理》一書中，大部分的篇幅都在闡述這些解釋，但這本書有如無法解讀的天書，只有少數幾個人能理解，甚至連皇家學會知識最淵博的成員，也不知道從何理解書中奧祕。在劍橋時，牛頓有一天走在街上，聽到有個學生對另一個學生說：「就是那個人，寫了一本他自己和別人都看不懂的書。」

牛頓年老時，曾對一名晚宴賓客說了一個簡單的故事，是關於他如何想到引力的概念。他回憶道，事情發生在他年輕時為了躲避鼠疫而返回伍爾斯索普的時候。

牛頓解釋了他的發現。他在戶外看到一顆蘋果從樹上落到地上。蘋果一向是往下掉，但牛頓意識到，把蘋果往下拉的力量，一定也會把月球往下拉。蘋果比月球近得多，因此地球對它的拉力比對遙遠的月球強得多。但不管是蘋果或月球，地球都對它們有作用力，牛頓稱這股力量為「引力」（或「重力」）。

牛頓如此檢驗他對引

牛頓第三定律

牛頓的三大運動定律中，第三運動定律最為人所熟悉：

每個作用力，都會伴隨相等的反向作用力

將氣球吹氣後放開，你知道會發生什麼事：氣球會飛來飛去，慢慢縮小。可是……這個現象中的作用力是什麼？反作用力又是什麼？

注意，作用力和反作用力是同時發生的。

如果把氣球放在其他物體中，情況又會如何？試試看。做一艘船，觀察牛頓的第三運動定律。

所需材料：
◆ 約 2 公升的牛奶盒　◆ 釘子　◆ 氣球
◆ 透明膠帶或紙膠帶　◆ 浴缸或水池
◆ 衣夾、密封夾或鱷魚夾

把牛奶盒沿長邊對切一半，這樣你就會有一艘約 5 公分高的小船。用膠帶貼住船的前後方，修飾船形，讓邊緣平滑。

用釘子在船尾中間戳一個小洞。這就是小船的「排氣管」。

吹氣球，把氣球吹口端由船內向船外穿過「排氣管」。用衣夾或夾子把氣球口夾緊。

現在，你可以出航了！把船放在水面，鬆開夾子。

你看到什麼現象？你的船走了多遠？要怎麼做，才能讓它走得更快或更遠？作用力在哪裡？反作用力呢？

只是好玩，如果把氣球吹口端由船外向船內穿過「排氣管」，會怎麼樣？

你也可以用其他類型的容器做船。為什麼尖型船頭的船運作得最好？

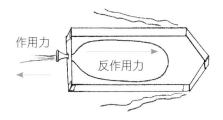

力的想法：

1. *他知道蘋果從樹上掉落地上的距離只有約 5 公尺。*
2. *他知道地表到地心的距離。*
3. *他也知道月球到地心的距離是蘋果與地心距離的 60 倍。*

有一條法則能同時適用於兩者。牛頓宣告，那條法則就是反平方定律：

$$F = 1/d^2 \text{（力 =1/ 距離平方）}$$

因此，牛頓計算出地球對蘋果的引力，是對月球引力的 602（即 60×60=3,600）倍。

這個關於引力的故事，有可能是牛頓隨口編來娛樂賓客的。不管是不是胡謅，蘋果朝地心落下的觀念，讓他的賓客對於引力的作用有了清楚的畫面。

在《原理》一書中，牛頓把引力觀念應用於其他自然事件，如彗星的軌道。這個觀念讓弗蘭斯提德和哈雷等天文學家大為振奮，他們用牛頓的數學，預測曾在 1680 年橫掃天空的那顆巨大彗星何時會再回來。牛頓也運用他的計算證明，月球對地球的引力作用如何造成各地海洋潮汐的漲退。

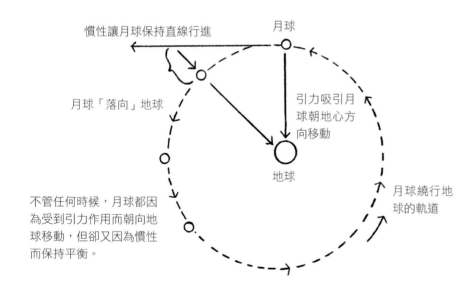

慣性讓月球保持直線行進

月球

月球「落向」地球

引力吸引月球朝地心方向移動

地球

月球繞行地球的軌道

不管任何時候，月球都因為受到引力作用而朝向地球移動，但卻又因為慣性而保持平衡。

在 1700 年代的啟蒙時期，更精良的儀器出現，自然哲學家得以在科學發現上達成重大進展。這時的自然哲學家終於有能力驗證牛頓的理論，證實牛頓是對的。

接著，1900 年代初期，有個沒沒無聞的專利辦事員提出自己對宇宙本質的想法；這個人就是亞伯特·愛因斯坦。愛因斯坦探究的是，當物體以接近光速運行會發生什麼事。愛因斯坦也想知道，比原子和分子小的粒子的運動。與牛頓時代的自然哲學家不同的是，1900 年代後期的物理學家拜儀器之賜，已經可以親自測試愛因斯坦的觀念。

就像牛頓的觀念一樣，愛因斯坦的理論也震撼了全世界。但即使到今日，還是沒有人可以完全解釋引力。

力的思考

你在學校絕對學過各種力，如重力、摩擦力、磁力等，這些都是觀察得到的力。牛頓研究的是 1600 年代可以取得的儀器所觀察到的事物。有時候，牛頓會在腦海裡做「思考實驗」。接下來的幾頁要讓你思考「力」為何物，並讓你做一些簡單的物理思考練習，幫助你理解。

感受「力」

「力」是無所不在、不斷對物體推或拉的力量。把橡皮筋的一端勾住一個靜物，例如關著的門的門把，用手勾住橡皮筋的另一端。

表面上看起來，施拉力的好像是你的手，但是橡皮筋也在反向拉著你。力的感覺可以是拉，也可以是推。持續的推／拉反映出關於力的一個事實：力永遠是雙向同時作用。足球守門員用胸口擋球，等同把球推開。

引力（重力）

你曾經看過坐在高椅上的寶寶把東西丟到地板上嗎？你可能會覺得撿東西很煩，但對寶寶來說，這個過程實在很迷人。不管寶寶把什麼東西推下餐盤，東西一定會往下掉。

當然，你會說這是因為引力把它們往下拉，但是請記住，這個現象背後有兩種力在作用。例如，你現在是不是坐在桌旁，手裡拿著這本書在看？若不是你的手對書施以拉力，書就會掉落在桌上。你正懶洋洋的靠著椅背嗎？要不是椅背往上推著你，你就會往後倒。

當你站在地表時，類似的過程也會發生。你的身體把地球拉向你，地球也拉著你，雖然你一點感覺也沒有。為什麼感覺不到？假設你的體重約 45 公斤，你的 45 公斤質量拉著地球；然而整個地球的質量都在拉著你，一次用全部的力量，而且不曾間斷。換句話說，地球的引力就是拉你往下的力量，但是與此同時，你的身體也在和地球進行小小的拔河，要把地球拉向你。

「質量」與「重量」有何不同？

質量是物體的物質量。更具體的說，質量是描述物體抗拒移動程度的衡量標準。物體的質量愈大，靜止時愈難位移。

還是不懂嗎？回想前一段，想像自己是個 45 公斤的小孩，正在徒手推地球；地球的質量大約是 6×1021 公噸。也就是說，你的質量（45 公斤）在與地球的質量（6,000,000,000,000,000,000,000 公噸，即 6 垓公噸）對抗。

這裡有個學生常會犯的錯。我們用公斤來衡量質量，因此你可能會以為質量就是重量，然而並非如此。重量描述的是對你作用的引力大小。在地球上，你的重量是 45 公斤，表示地球對你施以 45 公斤重的引力，把你拉向地心。然而，在月球上，你的重量只有地球上的 1/6，大約是 7.5 公斤，即使你的質量不變。

沒錯，月球也有引力，但月球的質量是地球的 1/6，引力也只有地球的 1/6。不過不管在地球或月球上，你的質量都是一樣的。如果你坐在雪橇上，不管是在地球滑雪，或在月球滑沙，要移動你的力量都是一樣的！

摩擦力

物體移動時會遭遇許多阻力，稱之為「摩擦力」。物質遭遇外物或被外物穿透時，不管是固體、液體或氣體，三態的物質都會產生摩擦力。

在空中揮手，你可以感覺到空氣分子推壓著你的手掌；搓搓雙手，兩隻手掌的摩擦力會讓你的皮膚發熱；拍拍手，更多的空氣分子在你的雙手間擠壓，摩擦力也在作用。

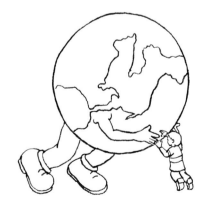

空氣、水、其他物體和地球本身都會產生摩擦力，阻礙移動的物體。還記得伽利略從比薩斜塔塔頂把鉛球丟下來的故事嗎？試著在腦海裡做實驗。想像你同時把一個裝滿的背包和一張紙從屋頂往下丟，沒錯，背包會先著地，但是為什麼？空氣的阻力會阻礙紙張，讓紙張一路飄至地面，背包卻不會這樣。從屋頂到地面這麼短的距離裡，沒有足夠的阻力能支撐背包，讓背包在落地的過程裡減速。

但是，假設你能把背包從約 1,600 公尺高的摩天大樓的屋頂往下丟，背包從一開始落下，速度會愈來愈快，直到達到終極速度。但是空氣會逆向推著背包，儘管背包還是不斷往下掉，速度卻不會再增加，空氣反向推著背包，產生了摩擦力。

試試另一個動腦實驗。假設要把背包發射到地球軌道，你需要什麼？沒錯，你會需要火箭或某種龐大的大炮。你要找到全世界最大的大炮，把背包裝填進去。要把背包發射到軌道需要什麼條件？先從另一個角度看這個問題：背包飛往太空時，會遭遇什麼阻力？

為了讓背包穿過地球大氣層，大炮的發射力必須強過地球的引力。這表示你的大炮必須有強大的火力，才能把背包送進太空。（具體來說，背包必須以至少每秒約 11 公里的速度飛行，才能勝過地球的引力。）背包必須借助奇大無比的力量，以極其快的速度飛行。要是速度太快，背包會一路飛到太空；但要是不夠快，背包又會掉回地面。

如果背包發射的速度正確，地球的引力剛好能抓住它，把它送入軌道。在某一段時間，你的背包會繞行地球。不過，最終它會受到太陽風粒子和軌

地球

道中其他物體等事物的影響而失速，又落回地球。

在月球——以及任何地方的力

現在，想像自己帶著一張紙和背包，登上月球某棟建築物的頂端。月球上是真空，沒有任何空氣。如果你把背包和紙從樓頂往下丟，它們會同時到達月球表面。月球上沒有空氣可以製造摩擦力，減低紙張落下的速度。

沒錯，月球沒有任何空氣，但它當然還是有引力。你能想像月球的引力可能會對地球造成什麼影響嗎？（如果你的答案是「潮汐」，恭喜你，答對了！）月球繞行地球時，會牽引地球的海洋，讓海水遠離陸地。潮汐通常每天漲退兩次。月球繞行地球時，不只牽引海洋，也會牽引地殼和地心，因此在地球另一端的海洋會上升。

月球

地球

月球軌道

1968 年 12 月 22 日，美國太空人搭乘阿波羅 8 號繞行地球，從地球在太空中最近的鄰居上空，拍下第一張「地出」景象。

傑明街

倫敦塔

1600 年代晚期的倫
敦地圖，圖中有牛頓住
的傑明街，還有倫敦塔，他
在此為皇家鑄幣局工作。

Chapter 8

尋求變化

1685 年 2 月 6 日，牛頓聽見劍橋的教堂響起緩慢而低沉的喪鐘聲。從倫敦傳來了重大消息，國王駕崩了，而且沒有子嗣可以繼承王位。「歡樂王」查理二世交往的女子眾多，有許多私生子女，但國王和凱瑟琳王后卻沒有自己的孩子。

劍橋的教授憂心的皺起眉頭，查理的弟弟詹姆士即將登基成為英國國王，詹姆士是虔誠的天主教徒，然而劍橋大學裡清一色是英格蘭教會的成員。大學的領導者對羅馬天主教徒深感疑慮，指稱他們是「教宗走狗」，效忠於羅馬的教宗。

詹姆士登基成為英王詹姆士二世。新國王立刻出手鞏固天主教會在英格蘭的地位。這些舉動也算不得什麼新鮮事；從亨利七世的時代以來，英格蘭教會和羅馬天主教會就爭鬥不斷，不敢說是為了英格蘭

的靈魂，但絕對是為了王室的控制權。詹姆士王和他的支持者在全國境內扶立天主教徒擔任政府和教會裡的領導職位。對於大學，詹姆士也比照辦理。1687年初，他指控劍橋大學的一名領導者行為不當，想另立自己的人馬取而代之。

牛頓參與了由此而起的反動。雖然他內心對教會三位一體的信仰有所質疑，但他堅決支持英格蘭教會對抗教宗走狗。牛頓加入劍橋的文官陣容，用他們手中的筆和腦中的機智對抗英王詹姆士，不讓天主教進入劍橋大學。

牛頓加入一群劍橋文官的行列，前往倫敦的皇家法庭，為他們反對傑佛瑞斯勛爵的立場發聲。傑佛瑞斯勛爵是國王最可怕的法官，他曾下令吊死320名反抗詹姆士王的農夫，名聲因此傳遍英國。

儘管有像傑佛瑞斯法官這樣的人支持，在英格蘭強制推行天主教時，經驗不足的詹姆士王仍然遭遇強烈的反對力量。後來，詹姆士王發現自己身陷更大的麻煩。1688年11月，來自荷蘭的新教徒英雄奧蘭治的威廉王子，乘坐荷蘭戰艦來到英格蘭。在距離倫敦約80公里遠的劍橋，牛頓正確的料到荷蘭贏得勝利。故事是這麼說的：

（上）英王詹姆士二世（1633-1701）。（右）光榮革命時，迎接奧蘭治的威廉到英格蘭的景象。

拋物面的力量

牛頓的反射望遠鏡以其獨特的設計,在皇家學會吸引了每個人的目光。牛頓的小望遠鏡,不只是放大太空中物體的影像,還用凹鏡捕捉光,把光反射到一面鏡子,將影像傳到目鏡。牛頓運用了拋物面的力量(與凹鏡的形狀相同);今日,探測深太空的哈伯望遠鏡也是以同樣的方式運作。

還有別的實驗可以讓你發現拋物面的力量。現在,我們就來做個拋物面鍋,「捕捉」一些光(和熱),用來烤棉花糖!這個實驗在大晴天的時候做,效果最好。(本活動需由大人陪同)

所需材料:

- ◆ 白紙　◆ 鉛筆　◆ 剪刀　◆ 膠水
- ◆ 紙盤　◆ 鋁箔紙　◆ 紙膠帶
- ◆ 棉花糖

將紙縱長對摺再打開。把摺線對齊下一頁模型的直線,在紙上描出模型,包括周邊的實線和中央虛線。把紙轉向,描出另一半,沿著外緣剪下。

拿出膠水,將模型、紙盤和鋁箔紙依序由上而下疊好貼合(就像夾三明治一樣)。模型紙在紙盤的外側,鋁箔在內側。每一層務必貼牢。

等膠水乾透,沿著紙盤外側模型紙上的實線由外緣朝中心剪開。注意不要剪超過虛線!

你現在可以做鍋子了。剪 11 段膠帶備用。把圓盤的葉片與相鄰的葉片在一半寬度處重疊,並用膠帶固定。你的「鍋子」應該能像衛星天線碟一樣立起,只是更深。

這個鍋子並不像衛星天線碟一樣有完美的拋物線,不過「捕捉」陽光的能力已經相當好。(接下一頁)

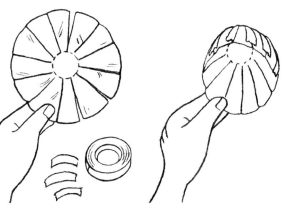

好玩的來了：把你的拋物面鍋放在陽光下，在裡面放一塊棉花糖，讓陽光直射。觀察接下來會發生什麼事。不過請務必小心：用這個小鍋子烤的棉花糖，溫度足以燙傷你的手指！

你的小鍋子烤棉花糖的效果這麼好，你認為是什麼原因？如果只把鋁箔放在平面的盤子裡進行這個實驗，結果會如何？現在，稍微思考得深遠一點：牛頓的反射式望遠鏡為什麼會如此成功？

拋物面模型

……他們的槍聲遠在劍橋都聽得到；槍響的原因眾所皆知，但只有牛頓爵士能憑著智慧，洞察機先。他側耳細聽，大膽宣告荷軍勝了英軍……他聽到槍聲因距離愈來愈近而變大，於是正確斷言荷軍勝利。

詹姆士王的勢力崩潰，出逃到天主教的法國，安全度日。這時，牛頓的大名在劍橋已是家喻戶曉；劍橋的自由市民推選他為國會代表。於是，牛頓在 1689 年進入國會，設法為空懸的王位找到繼任的新人選。最後，牛頓和其他人認定，最佳人選是信奉新教的瑪麗公主，也就是詹姆士二世與第一任妻子所生的女兒。瑪麗公主的夫婿是高人氣的奧蘭治的威廉親王。1690 年，這對夫妻在英國富有歷史意義的西敏寺接受加冕。牛頓應該也目睹了許多列隊遊行，慶祝英國的光榮革命，以及歐洲一個偉大王室的新統治者興起。

倫敦還有其他吸引牛頓的地方，他開始在倫敦和劍橋間往返。《原理》一書的發表把牛頓的思想攤開在各門各科的有識之士面前，不只是自然哲學家。《原理》為牛頓的引力和運動學說博得讚譽，也為它的作者贏得同樣的盛名。牛頓與惠更斯見了好幾次面，就光、顏色和運動等觀念進行交流。這是牛頓第一次對社交生活產生興趣，並開始與他人建立認真（有時變得難纏）的友誼。

備受尊敬的哲學家約翰‧洛克遇到了牛頓，兩人成為了好朋友。即使洛克絕頂聰明，卻始終無法理解《原理》一書中的數學概念。不過從書中他看得出來，牛頓對科學的解釋完全是天才的神來之筆。

　　從來不願意與別人分享見解的牛頓，卻對洛克另眼相待。他們通信多年，討論牛頓感興趣的主題，唯獨避談數學——儘管牛頓的筆友也是卓越之輩，但牛頓的數學造詣已遠遠超過對方。他們最喜歡在信中討論的主題是宗教。關於上帝的本質，洛克與他所見相同，牛頓顯然因此能放心的在信中透露他對三位一體論真正的想法。牛頓展現的這種坦誠與他素日的神祕大相逕庭。

　　牛頓也和邀請他到家裡吃晚餐的倫敦人皮普斯成為朋友。皮普斯和牛頓一樣是劍橋畢業生，被尊為皇家學會會長。皮普斯在活躍的社交生活裡優遊自得。他對世界有旺盛的好奇心，因此積極與人交往，讓自己身邊總是圍繞著能逗他開心或為他增廣見聞的人。皮普斯長年寫日記，維持超過十年的時間；他不只記錄他自己的榮耀事蹟，也詳細記述他那個時代裡各種人事物最微小的細節。

　　1687 年，牛頓認識了剛從瑞士來到英國的數學家丟勒。丟勒是個天資聰穎的年輕人，腦子裡裝滿了笛卡兒的學說。牛頓很快糾正這名年輕學者的觀念，而法蒂奧（牛頓以丟勒之名稱呼他）也很快就接受牛頓解釋引力和運動的原理。牛頓成為法蒂奧的導師，法蒂奧也成為對牛頓滿懷仰慕的學生。

　　牛頓對法蒂奧似乎也產生一種全然的依賴，就像與他在劍橋時的朋友魏克金斯一樣。兩人往返倫敦和劍橋，法蒂奧經常幫牛頓帶信去歐陸給惠更斯和萊布尼茲。後來牛頓和法蒂奧的友誼因為不知名的誤會而結束。法蒂奧離

「威廉和瑪麗」——國王威廉三世（1650-1702）和女王瑪麗二世。（1662-1694）

塞繆爾・皮普斯

牛頓和皮普斯成為朋友時，兩人都不知道藏著祕密的皮普斯未來會成為英國的重要作家之一。

從 1660 年至 1669 年的十年間，皮普斯寫了一份私密日記，記錄他日常生活裡的微小細節，包括他在酒館和咖啡屋裡會面的人、與他共進晚餐的賓客，以及他與妻子伊麗莎白的相處狀況——兩人結婚時，他二十二歲，她十八歲。

皮普斯是英國公僕，在政府單位擔任公務員，長期在掌控英國海軍的海軍局工作。不過，在工作之餘，皮普斯有很多閒暇時間。就像英王查理二世，皮普斯也熱衷於歡宴派對。他的日記為王政復辟時期的人們，留下多彩多姿的細節紀錄。

皮普斯熟知奢華國王身邊圍繞著哪些人物，他在日記裡寫下他們的八卦。他參加音樂會，與當紅女演員交往。在病患有麻醉劑可施打、醫生在術前刷洗雙手成為標準程序的數百年前，皮普斯曾經成功熬過一場手術，移除一顆很大的腎結石。

從今日的角度來看，皮普斯是所謂的「紙上談兵的科學家」。他的興趣十分廣泛，涵蓋各門

塞繆爾・皮普斯
（1633-1703）

各科的自然哲學，包括化學、生物學和天文學。在海軍局工作、年屆三十的他，曾聘請一名英國水手教他運用數學測量木材、造船。皮普斯後來當選皇家學會學會長，幫助牛頓《原理》一書的出版。皮普斯的名字就印在那本書的書名頁上。

皮普斯用代碼寫日記，就像牛頓在學校用的縮寫。英國內戰時期，英王查理究竟如何逃過敵人的殺害，皮普斯在日記裡逐字記下他所聽到的經過。1666 年，倫敦在一場大火裡化為灰燼，皮普斯也在日記裡記錄他親眼見到的景象。

開了英格蘭。他曾經前程無量，但自此不曾達到牛頓預期他應有的成就。

隨著牛頓待在倫敦的時間愈來愈多，首都生活對他也愈來愈有吸引力。他愈來愈清楚，倫敦才是英格蘭的智識中心，而非劍橋。在僻靜的劍橋，他能夠思考深奧偉大的觀念，也能完成他的研究；但只有在倫敦，他才能與皇家學會的權貴人士打交道，而他們才是有能力出版他的著作、把他的學說傳遍歐洲其他各地的人。

陷入低潮

1686 年《原理》一書出版後，牛頓鎮日埋首於修改書稿。牛頓投身工作之時，名聲

勝算有多少？

1693年，牛頓的朋友皮普斯捎來一封信，有急事要向牛頓請教。皮普斯在一項擲骰子遊戲裡下注，他想知道自己會不會贏。

以下是皮普斯的問題：

玩家A擲6顆骰子，若至少出現一個6點，即贏得賭注。玩家B擲12顆骰子，至少出現兩個6點，就算贏。玩家C擲18顆骰子，至少出現3個6點則贏。哪個玩家的勝算較大？

牛頓說：「玩家A。」皮普斯不相信。但牛頓是對的，他有好幾種方法可以解釋。牛頓的回答是根據一種名為「機率」的數學概念（即某事大概會發生的機會）。

你也可以自己擲骰子、記錄結果，並觀察機率的原理。為了簡化實驗，你可以只用三顆骰子，擲骰子的次數愈多，結果就會愈符合數學定理。

你可以獨力完成這個活動，不過找個夥伴一起做會比較有趣。你擲一顆骰子，夥伴一次擲兩顆骰子。

所需材料：

◆ 雜記本　　◆ 3顆骰子　　◆ 夥伴一名

在雜記本上畫像下方這樣的表格：

機率比較
有多少次出現一個6點？

玩家A	玩家B
擲一顆骰子 出現一個6點， 記一勝（以「O」 做為標示）	擲一顆骰子 出現一個6點， 記一勝（以「O」 做為標示）
1	1
2	2
3	3
4	4
5	5
6	6
7	7
...	...
24	24
25	25
總勝數	總勝數

現在可以開始玩了：玩家A擲一顆骰子。如果出現6點，記一勝，在表中玩家A欄記「O」。玩家A繼續擲骰子、記錄結果，共25次。玩家B擲兩顆骰子。如果兩顆骰子都出現6點，記一勝，在表中玩家B欄記「O」。玩家B和玩家A一樣也要擲骰子25次。

過程中，有時候兩人都會記一勝，有時候兩人都會記一敗。

最後，加總A和B的總勝數。誰的總勝數較高？如果你的實驗結果符合牛頓的思維，那麼A的勝數應該會多於B。

根據機率學，A擲出6點的機率高於B一次擲出兩個6點。（玩家A）擲一顆骰子時，出現6點的機率是1/6。（玩家B）擲兩顆骰子時，兩顆同時出現6點的機率只有1/36。

機率學處理的是「可能」發生的事情。然而，在現實世界裡，玩家B的勝數可能高於玩家A。想找出勝算是否真的不利於A，一個方法就是繼續擲骰子。如果你玩得夠久，玩家A的勝數最終還是會高於玩家B。

再想得深入一點：如果一次擲3顆骰子，又會如何呢？

用繩球進行力的遊戲

你曾經在院子裡提起一桶水在腰際或在頭頂上旋轉嗎？一開始，水在桶子裡晃動，但隨著轉速變快，一滴水都不會濺出來。這時有兩股力在作用。你的手掌和手臂會產生向心力，把桶子朝向你往內拉。第二股力就是讓桶子（和裡頭的水）保持直線運動的慣性。當桶子旋轉的速度夠快，兩股力達成平衡，水就會留在桶子裡。

如果你放手，會發生什麼事？

你可以用乒乓球和一條線，觀察同樣的力學作用。（本活動需由大人陪同）

所需材料：

◆ 乒乓球　◆ 膠帶
◆ 尖銳的工具，用來刺穿或撬開球
◆ 釣魚線或風箏線

請大人幫忙在乒乓球的接縫線上刺兩個對稱於兩側的小洞。線穿過球

後，在一端打個結；洞的大小要能夠讓線穿過，但也要能讓球穩穩的懸掛在線上。（你可能需要在球的接縫線上貼膠帶加以固定。）

找個人擔任你的觀察員，一起到戶外空曠處。手抓在線的中段處，手舉高，讓球在過頭的高度轉圈。球會發生什麼事？（它滑到線的末端。）猜猜看為什麼？（你的手掌和手臂產生向心力，把線拉直。根據慣性定律，球會朝直線運動。）

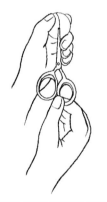

在頭上旋轉線和球，到某個速度後放開線。球飛往哪個方向？（球應該會以直線飛出去。）

在這個活動中，你還可以觀察到另一項定律，球旋轉得愈快，你放手時，它會飛得愈遠。很合理不是嗎？現在想想看，如果你在線末加一顆棒球，又會如何？要讓棒球在高於頭頂的地方循軌道轉圈，你需要加多少力？（你要更用力。）接著，如果你放手，球會如何？（它會飛得更遠。）施力愈大，球就飛得愈遠。

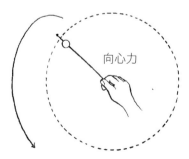

向心力

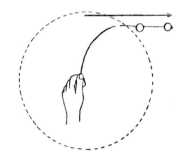

也跟著快速升高,如日中天。當有客人從倫敦來訪,想當面請教問題,當書信從海外飛來,牛頓一定覺得盛名是種負累。儘管這些關注都是盛譽,儘管各種跡象顯示,牛頓是個喜歡聽到讚美的人,但在他的內心,他仍是個害羞內向又彆扭難纏的人。

牛頓思及是否要搬去倫敦時,他體認到自己需要一份工作,才能養活自己,並過得起城市人的生活。以他的社會地位,他需要房子和僕人,就像他的朋友皮普斯和洛克一樣。但是,要在倫敦找到一個適合的職位並不容易。牛頓沒有暢通的人脈,找不到人幫他寫推薦信,以打入倫敦的社交圈。

找工作的過程花了好幾年,到了 1693 年的上半年,五十一歲的牛頓陷入嚴重的憂鬱,他彷彿掉入一個黑洞。他在三一學院的房間裡,怒氣沖沖的寫信給好友洛克和皮普斯。牛頓的信件內容極度失控。他在給皮普斯的信裡寫道:「我對於自己捲入的這些極度苦惱⋯⋯但我現在明白了,我必須和你斷交,不再見你,也不再見我其他的朋友⋯⋯」

牛頓在憤怒中以潦草的字跡寫著洛克企圖「使我陷入女性的糾纏」;牛頓大概覺得,與女性交往會讓他分心,無法一生奉獻於深奧的學習和思考。有好幾個月的時間,他與劍橋小圈子以外的任何人都沒有往來。

牛頓到底發生了什麼事,外界有諸多揣測。謠傳有一次牛頓的房間失火,《原理》的部分修改稿付之一炬,他因此崩潰;也有人認為牛頓不過是因為《原理》付梓前歷經的一連串繁瑣雜務而累壞了。此外,耗盡心神、祕密投入煉金術二十載,卻看不到任何成果;與法蒂奧的決裂,失去年輕的崇拜者,這些可能都讓牛頓的痛苦雪上加霜。與許多知名科學家和學者在公開場

中年的牛頓。（美國國會圖書館 LC-USZ62-10191）

合會面的壓力，還有在倫敦覓職的憂慮，都把牛頓逼過了臨界點。

但是，在 1693 年 9 月中，牛頓給倫敦朋友的信，開始露出開朗的氣息。牛頓為他的怪異行徑辯解：

> 去年冬天，我由於太常在火爐旁睡覺，養成了不好的睡眠習慣，染上今年夏天流行的瘟熱，讓我的狀況更加失常。我寫那封信給你的當時，已經連續兩週每晚睡不到一個小時，加上連續五個晚上不曾闔眼。

跡象顯示，牛頓開始從崩潰中復元。他開始重修《原理》，回答讀者提出的問題。他重拾紙筆，與其他數學家通信，如萊布尼茲。他也與在皇家學會的朋友重修舊好，如洛克和雷恩。

他在修改、增補《原理》的過程中，對於物質和運動本質的思維也更為精進。牛頓是「原子論者」，他相信物質的微小粒子散布在幾乎空無一物的宇宙空間裡。他寫道，金是由粒子中的粒子所組成，證據就是水銀和酸能夠滲透金。

他把這套觀念應用於像行星般巨大的物體時，辯稱同樣的法則也可用。他說，太空的空間大部分空無一物，讓行星和彗星保持在規律軌道運行的是引力。「……既然天空和海洋的一切現象都遵循我所描述的定律運作，我可以做結論，排除其他解釋，也排除宇宙空間充滿著物質的說法……」

1690 年代走到尾聲時，牛頓仍然繼續研究其他如數學和光學等這些他在年輕時曾全心全力投入的主題。不過現在他已年過半百，他的人生對於科學研究的創意貢獻，至此已經功德圓滿。

但是，在 1697 年某日午後，牛頓結束忙碌的一天，拖著一身疲憊回到家時，發現有人下了戰帖給他。某個未署名的學者提出挑戰，發布了一個非常困難的數學問題，徵求解題者。牛頓立刻坐下來，提筆寫下正確的解答。後來，挑戰者宣布，解答問題的沒有別人，唯有偉大的牛頓：「雄獅的爪痕獨一無二。」

此時，牛頓為了在倫敦謀求工作而投入的心血開始有所回報。牛頓在三一學院時結識一位名叫查爾斯‧蒙塔格的年輕紳士，兩人成為朋友。幸運的蒙塔格是家境富裕的學生，他的父親替他支付讀完劍橋大學的學費，他不必證明自己有做學問的能力。然而，蒙塔格成年後非常想要讀懂《原理》，於是額外付費上數學課，以理解牛頓在他的曠世巨作裡寫了什麼。

蒙塔格離開劍橋後，牛頓持續追蹤這個朋友的進展。蒙塔格在隸屬於財政部並負責鑄造錢幣的皇家鑄幣局謀得一職。隨著蒙塔格的職位於愈來愈重要，他的影響力也愈來愈大。1694 年，蒙塔格出任財政大臣。牛頓非常清楚他這位年輕朋友握有愈來愈高的權力，於是刻意與他保持聯絡。

1696 年，在蒙塔格的幫忙下，五十三歲的牛頓成為鑄幣局的總監。就像他做任何事一樣，牛頓對於他的新職務也是用盡全副心力。他離開了劍橋大學和三一學院，除了後來一次短暫的拜訪，再也沒有回去過。他引頸期盼倫敦的新生活。牛頓唯一需要做的事，就是精通鑄幣。

牛頓的對手數學家以「雄獅的爪痕獨一無二」形容牛頓出手不凡。

Chapter 9

倫敦歲月

皇家鑄幣局安全的座落於全英格蘭最知名的碉堡——倫敦塔的牆內。這座在牛頓時代就已經有 600 年歷史的城堡，被濠溝和兩堵厚厚的石牆圍繞。對於要使用珍貴的金和銀鑄造克朗、半克朗、基尼、法新和便士等英國錢幣的鑄幣廠來說，這是完美的設廠地點。

身為鑄幣局總監的牛頓發現，要做好他的日常工作，不只要在塔裡工作，還必須住在那裡。他的小屋子後方就是塔的外牆，前方則面對著院內「主樓」的牆。他的住所並不豪華。為了貪圖方便，牛頓住進一天運作 20 個小時的工廠裡。

一週 6 天、每天從清晨 4 點到午夜，鑄幣廠不斷製造錢幣。一隊隊馬匹拉著木製曲柄，永無止境的繞圈，供應龐大機器所需要的能源，把製幣的金屬壓成薄片。接著，兩個人用手動的壓模「打」出各

種錢幣。製幣的噪音吵得附近的人都要耳聾了；臭味刺鼻的滾燙金屬流進牛頓工作和生活的地方，在地板上四處橫流。

此外，軍備局也位在倫敦塔，這是負責供應英國陸海軍武器和戰爭補給品的政府單位。牛頓不太在意派駐在那裡的士兵，讓他煩心的是鑄幣廠員工和士兵之間經常出現的對立。才幾個月過去，牛頓就已經受不了噪音和紛擾，於是搬離牆邊的總監宿舍，搬到倫敦新興的西敏區傑明街。

牛頓每天都進廠工作，因為鑄幣廠正面臨重大的轉變。財政部正在搜索、回收舊幣，把舊幣改鑄為新幣。英國社會流通的錢幣可以追溯至逝世將

（下）倫敦塔（國會圖書館提供）（右）工人在皇家鑄幣局打製「錢幣」。（皇家鑄幣局提供）

近一世紀的女王伊莉莎白一世的時代。這些錢幣在商人、貴族和平民百姓之間流轉，經年累月下來也有所耗損。不擇手段的不法之徒也會「修剪」錢幣，從錢幣邊緣偷一點零星碎角，積少成多，熔成小塊金或銀，據為己有。還有些精通偽造術的仿冒者，製作出能以假亂真的偽幣。一般人無法確定，他們出售商品或提供服務而換得的金錢，是不是出自皇家鑄幣局。

當時的英格蘭偽幣猖獗，偽幣製造者竊取並重新變賣屬於英格蘭的財富，獲利豐厚。英格蘭這個小小的國家，經濟根基完全取決於它在財庫裡的金銀存量，包括在全國流通的錢幣。落到製偽幣者手裡的每一小塊貴金屬，日積月累下來，是可觀的重大損失。

偽幣的製造讓政府高層官員頭痛不已。偽幣會導致真幣貶值，偽幣的製造嚴重損害英格蘭的財富，也危及英格蘭在法國、荷蘭和西班牙等敵對國間的安全。威廉正在歐洲忙著打仗，為保衛英國而戰，這時候最不需要的就是自己的國民在國內扯後腿，竊取國家財富。

牛頓秉持他一貫的專注熱情，全心投入總監的工作。他開始研究鑄幣廠的歷史；它的歷史可以追溯至 1465 年，英王愛德華四世時期。牛頓手抄謄寫一頁又一頁擁有數百年歷史的文件。他以數學家的組織能力把所有紀錄恢復至完整的原貌，此舉對鑄幣廠的健全營運關係重大。

牛頓也檢討鑄幣廠的製程。他扮演起

1900 年代末期，英格蘭銀行印製了一款一英鎊紙鈔，背面印的是牛頓的肖像和他的反射望遠鏡。

「效能專家」，仔細研究流程的每一個步驟。多虧有他的監督，經過短短的 2 年，製幣流程的順暢度大幅提升。後來在 1699 年，鑄幣局局長因病去世，而尋找接替職位的人選也不難——牛頓做事徹底通透，對鑄幣廠的運作當然也瞭若指掌。於是，精通鑄幣工作的牛頓自此從鑄幣局的總監升任為局長。

英格蘭的領導者認定，製造偽幣是叛國罪，他們的理由是，製造偽幣者和出賣國家機密給敵方政府的間諜或背叛者沒有兩樣。從 1697 年開始，定罪的偽造錢幣犯要施以死刑，而且比照用來懲罰間諜或革命人士的恐怖行刑方式——「掛拉分」，也就是先施以吊刑，等到犯人只剩一口氣時，再開膛剖肚，挖出內臟，最後分屍。

英國政府指派牛頓負責蒐集證據，把這些偽造錢幣者繩之以法。牛頓對這項任務覺得反感，他的信件顯示，他曾想把這項工作轉給另一個政府單位，但是他的主管沒有理會他的要求，反而加派一個人當他的助手。把偽幣犯定罪這件事實在太重要，他們認為牛頓是擔任這項工作的最佳人選。

憑著把鑄幣製程整頓得井井有條的那股幹勁，牛頓抽絲剝繭，鍥而不捨的追查到製造偽幣的人。他換上街井小民的衣服，在酒館裡閒晃，暗中監視製造偽幣者。他還造訪倫敦的新門監獄，記下囚犯的說詞；這些囚犯都是窮人，受僱更大的盜賊，為他們修裁錢幣取料並「鑄幣」。

不過，製造偽幣的不只是窮人。牛頓曾循線查到一個名叫夏隆納的人，外表穿得像上流紳士，骨子裡卻是騙子。夏隆納精通製造偽幣的勾當，以耍弄英格蘭政府為樂。即使人在監牢，他也能成功買通對他不利的目擊者。為了保住項上人頭，他編造各種關於同夥的謊言。等到謊話說盡還不見效，他

牛頓留下這張肖像畫的當時，英格蘭人流行把頭髮剪短，戴上華麗精緻的假髮。

就改以好言誘哄，想藉此脫離困境。

不過，牛頓最終還是協助政府提出確鑿的證據，無懈可擊的起訴夏隆納，在法庭將他伏法定罪。夏隆納寫了一封動人的信給牛頓，求牛頓手下留情，讓他逃過英格蘭政府的殺害。牛頓對夏隆納的命運其實沒有任何掌控權，後來夏隆納以叛國的罪名接受死刑，被開膛破肚，大卸八塊。

皇家學會風華再起

牛頓即使在皇家鑄幣局辛勤工作，仍然保持對自然哲學的興趣，也繼續參加在皇家學會的聚會。鑄幣局局長的年薪為 500 英鎊——相較於他在劍橋大學當個辛苦求溫飽的公費生時，母親施捨的幾鎊，這可是一大筆錢。1702 年，牛頓決定辭去劍橋大學國會代表一職。這時，牛頓切斷了他與劍橋最後的連結。他心中另有打算。

1703 年，虎克辭世。牛頓在皇家學會的宿敵永遠消失了。經過幾輪散漫的投票，皇家學會會員選出牛頓擔任會長。雷恩曾被提名，但他婉拒了，他認為牛頓是更優秀的科學家。

儘管牛頓不喜歡虎克，仍然承襲這位宿敵立下的慣例，將皇家學會定位為科學實驗的先驅者。在學會成果最輝煌的時期，會議裡盡是令人振奮、有價值的數學和科學討論。虎克的職責是安排會員彼此檢視各人的實驗，分享彼此的研究報告。然而，當虎克老邁，學會推舉出不是科學家的領袖，會議

皇家鑄幣局發行的 2 英磅牛頓紀念幣。在錢幣側邊刻有牛頓的名言：「站在巨人的肩膀上。」

克里斯多佛・雷恩

除了牛頓，最知名的皇家學會成員就屬克里斯多佛・雷恩爵士了，他是才氣縱橫的數學家、天文學家和建築師。

雷恩和牛頓一樣，從小就喜歡自己動手做小型機械和模型。他在牛津大學求學，二十五歲時已經在倫敦某間學院擔任天文學主任。不過，在他走訪巴黎歸來後，對建築的設計有了一番新眼光。

1666 年 8 月，倫敦普丁巷的一家麵包店失火，火勢愈竄愈烈，演變成延燒全倫敦的一場大火。這時，連續兩年侵襲倫敦的鼠疫已經讓倫敦居民疲於應付，束手無策；現在又來一場

克里斯多佛・雷恩爵士（1632-1723）。（美國國會圖書館 LC-B2-5234-10）

聖保羅大教堂。

雷恩爵士在倫敦聖保羅大教堂的墓。

大火，造成 10 萬人無家可歸。雷恩和他的朋友虎克一起籌畫，以格局恢弘大器的設計，重建英格蘭的首都。從灰燼中重新站起的倫敦，有許多建築都融入他的風格。

1670 年代，雷恩和虎克設計了紀念碑，那是一座高約 62 公尺的圓柱建築。300 年來，觀者都以為它只是倫敦大火的紀念碑，可是在 2000 年代初期，有位歷史學家走訪了紀念碑，發現地下有個廢棄多年的房間。虎克和雷恩設計的這座紀念

碑也具有科學實驗室的功能。這根柱子從頂端到基座都是為了需要高度的實驗所設計。此外，柱體裡若是安裝透鏡，就成了一座望遠鏡。

雷恩死後就葬在他的傑作裡，也就是聖保羅大教堂。旁邊牆上刻有一段銘文，寫著：

這座教堂和這座城市的建設者克里斯多佛・雷恩埋骨於此。他在世超過九十載，不為私利，只為公益。讀者啊！當你四顧，觸目所及，都是他的遺跡。

倫敦大火後，倫敦居民露宿街頭。

紀念碑有雙重用途。

的品質因此急速貶落，討論內容甚至淪為畸形動植物和人類如何彼此毒害。

　　牛頓體認到皇家學會在走下坡，於是出手撥亂反正，讓會議內容更專業。在某種程度上來說，他的努力看到了成果。會員回來了，討論主題的層次也更精進。但即使卓越如牛頓博士，也無法阻止會員分享八卦趣聞或怪誕的發現。有一天，牛頓發現自己主持的討論會談的居然是夭折的 4 隻「連體」小豬。要到 1800 年代，皇家學會才真正建立了科學討論和探索的領導者地位，聲譽也一直延續至今。

　　1705 年，牛頓為了一個原因最後一次前往劍橋──接受冊封。瑪麗女王的妹妹安妮女王如今登基，她在訪問大學時，為了表揚牛頓，冊封他為「艾薩克‧牛頓爵士」。

安妮女王（1665-1714）。

在皇家學會玩弄權謀

　　牛頓片刻不停歇，把握時間打造他在皇家學會的王國。他有技巧的利用自己的會長職位，提升自己在自然哲學家之間的地位。有好幾次他濫用職權，用不公平的手法對付別人。特別是他用權威對國王的天文學家弗蘭斯提德勛爵施壓。

　　弗蘭斯提德在他的格林威治天文台工作長達數 10 年，追蹤月球、行星和恆星在天空中的運行，建立了龐大的目錄和紀錄資料。弗蘭斯提德的聰明才智遠遠不及牛頓，但他的紀錄廣泛而正確。

弗蘭斯提德（1646-1791）。

1690 年代，牛頓在計算月球運行時遭遇問題，需要用弗蘭斯提德的觀察資料做研究。弗蘭斯提德對於他的書面紀錄和星圖都十分嚴謹。他對牛頓的要求置之不理，一放就是好幾年。他想要先完成星星的目錄，再全部一次發表，把所有觀察收錄為一冊大書，書名為《不列顛星表》。弗蘭斯提德暴烈的性格惹惱了牛頓，正如牛頓的行為舉止給旁人的感受；於是，這兩個人開始成為敵人。

牛頓和弗蘭斯提德玩貓捉老鼠玩了 20 年。可是後來「貓」長成了獅子；牛頓身為皇家學會院長，利用職權之便，奪取了弗蘭斯提德當時完成的所有報告。牛頓也確保皇家學會搶先出版了其中一部分──只出版牛頓認為重要的部分。

不願意輸給牛頓的弗蘭斯提德，固執的繼續描繪夜空星圖，記錄他的觀察。1712 年，他發表了完整版的《星表》。4 年後，在命運的一個轉折下，牛頓竊取的研究文件又重回弗蘭斯提德手中。弗蘭斯提德非常開心的燒了它們。牛頓再也無法染指這些資料。

英國發行的一系列郵票，展示天文學歷史，其中包括牛頓的成就。

身為一個財富與影響力兼具的人，牛頓需要一位女士幫他打理家務，並在有訪客時扮演女主人的角色。牛頓沒有妻子，於是他在 1696 年把他的外甥女凱瑟琳·巴爾頓小姐從鄉下接來倫敦。

凱瑟琳渾身散發魅力，和她古怪的舅舅不一樣。她的美貌、聰慧和討人喜歡的個性，吸引了一大群男士的注意。沒多久，凱瑟琳的名字就在倫敦的咖啡館和紳士名流的俱樂部流傳，成為茶餘飯後的話題，還有愛慕者用刻有她名字的酒杯，舉杯向她致敬。

謠言開始滿天飛，說巴爾頓小姐已經搬進牛頓在皇家學會的贊助人蒙塔格家裡，但兩人還沒結婚。蒙塔格的哥哥去世了，因此他可以繼承死去父親的頭銜和財產。現在的蒙塔格是有權有勢的貴族——哈利法克斯男爵。惡毒的流言指控牛頓刻意安排他的外甥女和他位高權重的朋友在一起，以答謝對方過去的幫忙。凱瑟琳和蒙塔格可能已經祕密成婚。歷史學家永遠也無法確定真相如何。

無論如何，凱瑟琳在 1717 年公開成婚，嫁給年輕很多的約翰·康杜特。他們有時候和牛頓同住在萊斯特屋；那是一棟座落於西敏區時髦街道的石造建築，牛頓於 1710 年搬進那裡。

牛頓是個富裕的人，而身為英格蘭的頂尖科學家、皇家學會會長和鑄幣局局長的他，需要一間與他的身分地位相稱的房子。凱瑟琳用各種緋紅色的行頭裝飾牛頓的居所。牛頓接待賓客的起居室裡，沙發、坐椅和簾布都是紅色的；牛頓睡覺的臥房裡，床單、枕頭和小型沙發也是紅色的。沒有人確知原因，

牛頓的客廳，盡頭的牆上掛有他的肖像做為裝飾。（巴伯森學院檔案室）

棺材板蘋果派

蘋果「派」是自中世紀以來在歐洲廣受喜愛的一道點心。家庭主婦烘焙的是「棺材板」式的蘋果派：把蘋果餡料包在用油酥麵團做成的硬派皮裡。早年的人吃蘋果派不吃派皮，只享用包在裡頭的餡料。不過，到了牛頓的童年時期，人們會連同派皮和餡一起吃。從以下這首威廉王所作的詩就能得知，牛頓在世的時代，蘋果派是人們最愛的點心：

英國人民以饗味蕾、以悅雙目的各種美食，君王貴族擺設盛宴的上等佳餚，沒有一樣能與蘋果派相比。

牛頓家廚師所使用的蘋果派食譜可能像這樣：

青蘋果派的做法

蘋果削皮去核，完成後，製作派皮。取少許飲用水、半盤奶油和一點番紅花，放進鍋裡在爐上加熱，然後在這鍋液體裡拌入麵粉，加兩顆蛋白，用麵團擀製派皮。用肉桂粉、薑和足夠的糖調味蘋果。把蘋果餡料放進派皮，餡料表面放半盤奶油，最後再蓋上一層派皮。進爐烘烤。

你可以用澳洲青蘋果，做一個現代版的舊時最愛甜點。為了節省時間，你可以到店裡買現成的派皮。

（本活動需由大人陪同）

所需材料：

- ◆ 烤箱　◆ 削皮器　◆ 長形鋁箔紙
- ◆ 6 大顆澳洲青蘋果　◆ 刀
- ◆ 碗　◆ 一杯白糖　◆ 1/4 杯的麵粉
- ◆ 一茶匙的肉桂粉　◆ 一茶匙的薑末
- ◆ 湯匙　◆ 兩片現成的派皮
- ◆ 約 23 公分的派盤或方盤
- ◆ 兩大匙的奶油，切成小塊

烤箱預熱至約攝氏 220 度。蘋果削皮去核，切成約 0.6 公分厚的小丁，放進大碗。蘋果丁撒上糖、麵粉、肉桂粉和薑末，並用大湯匙翻動拌勻，讓所有蘋果丁都沾到調味料。完成後，靜置一旁。

按照派皮的包裝說明，取出派皮。一片放在派盤底部，貼合派盤的形狀。如果是使用方形派盤，順勢調整派皮。如果不小心撕破了派皮，直接用手指修補即可。派盤邊緣應該會多出一些派皮。

把蘋果餡鋪在盤裡，再鋪上奶油塊。把第二片派皮蓋在餡料上。用手指把派的邊緣捏緊。

用刀子在派的表面切幾個小切口，以在烘焙時釋出裡頭的熱氣。用鋁箔紙包住派緣，以防派皮太快烤焦。

請大人幫你把派放進烤箱中層。小心注意烘烤狀況，以免烤焦了。30 分鐘後拿掉派緣的鋁箔紙。

烤派的時間總長約為 40 至 50 分鐘。等到派皮烤至金黃，餡料的汁液從切口冒出，就可以把派取出烤箱，放在架上冷卻。好好享用吧！

長形鋁箔紙

現代人大多以照片做為正式肖像。但是在當年牛頓成為名人時，必須請藝術家到家裡來為他畫像。牛頓的名氣愈高，就愈常畫新肖像。

肖像裡藏有線索，顯示畫像主角的國籍、社會地位、宗教、家庭狀況，甚至寵物。在牛頓的時代，欣賞肖像畫的人都知道要在畫裡尋找這些線索。

以英王查理二世和他的頭號敵人克倫威爾的肖像為例。兩幅肖像畫大約是在 1600 年代的同一時間完成的。兩個人都統治過英格蘭；不過，他們的肖像畫卻透露了兩人為何大不相同的線索。請仔細看看這兩幅畫，它們的細節告訴你什麼訊息？（部分答案詳見本頁顛倒印刷的文字。）另外，你也可以觀察一下本書裡的其他肖像畫，是否也埋藏了線索呢？

所需材料：

◆ 美術用品（請參考以下指示，自己選擇）

請為你自己或你認識的人畫一幅肖像畫。你可以用水彩或麥克筆在紙上作畫，也可以用黏土塑像，或用你隨手可得的材料做拼貼畫。開始前先做好規畫。你要用哪些象徵做為肖像主角的線索？

查理二世與克倫威爾肖像畫裡的線索：

1. 由於兩人都是軍事領袖，所以都身穿盔甲，不過查理的盔甲裝飾較為華麗，而他花俏的上衣和如瀑布般傾洩的長髮顯示他是貴族。克倫威的服飾反映他出身於清教徒，過著較嚴謹的生活。

克倫威爾　　　　　　　查理二世

2. 查理二世和他的皇冠一起入畫，但是克倫威爾自認是英國的護國公，拒絕登基為國王或戴皇冠。圖中的船表示克倫威爾創立了英格蘭的海軍。

3. 查理二世沒有可以正統的子嗣可以在他之後繼任英國王位。克倫威爾有個兒子名叫理查，在他之後繼任英格蘭的領袖，不過很快就失勢。

但屋裡的每樣東西都是紅色的。或許凱瑟琳挑選紅色是為了呼應她舅舅在三一學院的教授長袍。紅色絕對是能與牛頓的紳士名聲相匹配的顏色。

凱瑟琳的新婚丈夫跟隨在牛頓身旁，牛頓對他頗有好感。康杜特是皇家學會的會員和業餘科學家，他不但聰明，也充滿好奇心。兩人會花很多時間相處，牛頓會向康杜特講述他的童年故事，述說他在劍橋的學生歲月。牛頓喜歡談論他的自然科學探索，康杜特則是如實記錄下來。世人能夠知道牛頓的故事和那顆掉下來的蘋果傳說，都要歸功於康杜特。

牛頓去世後，康杜特原本打算寫一本關於妻子娘家這位舅舅的長篇傳記，但他在 10 年後也過世了。他打算要撰寫的傳記只留下一批草稿。即使如此，康杜特訪談了許多人，這些人曾在伍爾斯索普、格蘭特罕或劍橋認識年輕時期的牛頓。多虧他的努力，我們才能夠驚奇地窺探到這樣一個複雜的人的早年生活。

曾有萊斯特屋的訪客寫到關於它主人的詼諧、甚或古怪的行徑。即使已經是個富裕老人，牛頓仍然會因為深陷在自己的思考裡，對日常生活事務變得迷迷糊糊。著述當時歷史的「古文物專家」史塔克利曾寫到他拜訪牛頓的情形。有一本古書記載了這段故事：

有一天，史塔克利博士依約到牛頓府上拜訪。開門的僕人說，艾薩克爵士在書房；而他在書房時，誰都不准打擾他。不過，由於當時已經接近晚餐時間，訪客就坐下來等他。不久之後，僕人送進來一隻烹煮好的雞，放在有蓋的盛盤裡。一個小時過去了，還是不見牛頓的蹤影。博士就把雞吃掉，空

盤用蓋子蓋好，讓僕人為他們的主人再烹煮一隻當晚餐。在另一隻雞還沒送上來之前，偉大的牛頓下樓了，出現在客人面前。牛頓先為自己的遲到致歉，然後說：「請先給我一點時間用晚餐，接著我就任憑您差遣。我又累又暈。」牛頓一邊說，一邊拿起餐盤蓋，接著若無其事地給史塔克利一個微笑，說道：「看啊，人類何其愚蠢！我居然忘記我已經吃過晚餐了！」

那一天，史塔克利心裡有數，在那之後好幾年間，牛頓的僕人會在他背後講他什麼閒話。

▨ 受教育是一種幸運

你閱讀本書時是否曾注意到，皇家學會的每位成員都是男性？除非是女王，在牛頓的時代，不管是政府、教育或教會，公眾生活都沒有女性參與的分。

「受教育的女子被認為像掃帚星，一出現就預示著災難，」某位女性學者抱怨道。人們認為女生比男生體弱，也比較笨，絕對不能讓學習讓她們的大腦超過負荷。

女孩能否有接受教育的機會，取決於其父親對教育的想法。在富裕人家，女孩或許可以跟著她的兄弟或家教學會讀寫，不過等男孩離家上大學，女孩還是留在家裡。不管如何，女孩受教育是為了持家、讀《聖經》、督促兒子的學習。牛頓的母親漢娜就是一個很好的例子，她只會寫幾個字。

上流社會有少數女子會寫小說、自傳和歷史。牛頓在名聲如日中天時，結識了威爾斯王妃卡洛琳。卡洛琳是個認真的學生，她蒐集許多藏書，打造了一間令人讚嘆的圖書館。由於對牛頓的《聖經》研究感到好奇，她經常召牛頓進宮見她。

艾蜜莉・夏特萊侯爵夫人是通曉數學和語言的法國貴婦。她後來成為伏爾泰的朋友和情婦。伏爾泰是法國的知識菁英，仰慕牛頓的研究。

夏特萊夫人把整本《原理》譯成法文。在她之後，《原理》不曾再有新的法文譯本。1749年，她在生產後死亡。

威爾斯王子，也就是未來的英王喬治二世，出迎他的妻子卡洛琳王妃。

Chapter 10

獅吼聲漸歇

牛頓身為鑄幣局局長，享有一年 500 英鎊的優渥收入，皇家學會會長的位置也坐得很安穩，這些都是他在倫敦社會享有崇高地位的保障。牛頓搬到倫敦時，似乎也把他愛裝神祕的行徑留在過去。現在，他樂在融入別人的「社會」，感覺如魚得水。他在西敏區的宅邸有許多賓客進進出出。上流階層的倫敦人、皇家學會的成員，還有海外的自然哲學家，都從四面八方來拜會這位偉人。

當然，他也和一堆姻親晚輩保持聯絡。牛頓比他同母異父的弟妹都長壽，他們的子女向來很開心能得到有名又有錢的艾薩克舅舅的關心。有時候，牛頓會回到伍爾斯索普視察他的地產。那裡仍然是一座養羊農場，是他的收入來源。牛頓對他的家族很慷慨，他在過世前曾送錢給他們。事實上，全英格蘭所有姓「牛頓」的人，都理直氣壯的

牛頓的肖像，其中一幅顯示他是身家富裕的紳士（上）；另一幅是在書房工作的他（下）。

認為自己可以找牛頓要錢，而有好多次牛頓也真的幫助他們。

晚年的牛頓重拾早期的自然歷史研究，把他的論述變得更扎實。沒有虎克找碴，牛頓在 1704 年發表了第一版英文版的《光學》；拉丁文版則在 1706 年問世；1717 年又推出英文版改版。此外，牛頓也出版了幾本數學著作，也是把數十年前在劍橋寫的舊書再拿出來，重新修改得更完善。

1709 年，六十六歲熟齡的牛頓開始重修《原理》，並在 1713 年出版。1726 年，牛頓在他八十多歲的時候推出第三版《原理》。走近人生盡頭的牛頓，大腦卻異常敏銳。康杜特曾表示，他經常親眼見識到他妻子娘家這位年邁的舅舅，在他美侖美奐的家裡，全心沉浸於研究。

牛頓對神學研究的熱情也不曾歇息。在倫敦的歲月，他寫了數百頁關於古希伯來的歷史。世界末日究竟會在什麼時候來到，這個問題讓他窮盡心思推敲。他參加教堂禮拜，但從來不曾公開表示他不相信三位一體論，他守著這個異端思想的祕密長達 50 年之久。

牛頓知道自己是他那個時代的傳奇，而他也追求自己死後永垂不朽的名聲。他延請倫敦最有才華的畫家為自己畫肖像，還找來雕塑師，為自己製作大理石半身像。牛頓在倫敦期間，仍然為了誰先發明微積分的爭議持續與萊布尼茲對抗，堅持捍衛自己的名聲。他為了維護自己的自然哲學家聲譽，奮戰到底，即使長年捲入與萊布尼茲和弗蘭斯提德的爭執，也在所不惜。

儘管如此，牛頓的以下這段自述，卻流露著謙卑：

我不知道世界怎麼看我；但我感覺自己就像在海邊玩耍的男孩，東張西

望，偶爾撿到一顆光滑的圓石，有時拾起一片出奇美麗的貝殼；然而，在我眼前的，是一片真理的浩瀚汪洋，完全還沒有探索過。

沒有證據顯示牛頓親眼看過海。

對於一個在實驗室裡工作 30 年，終日與毒性物質為伍的人來說，牛頓的健康狀況超乎尋常的良好。不過，這一天終於還是來了，牛頓爵士的健康開始走下坡。為了住得舒適，他決定搬到位在倫敦西部、肯辛頓的時髦新興市鎮，那裡比較沒有空氣汙染。

牛頓深受膀胱和尿失禁的問題所苦。馬車的顛簸讓情況雪上加霜，不過牛頓決心要繼續擔任皇家學會會長，於是他買了一頂「轎子」（廂型座椅，兩側裝了長棍），讓兩名僕人抬著他穿梭在倫敦的街道上。雖然牛頓仍然是會長，但他開始在皇家學會會議裡打盹。會議內容變得鬆散，流於荒誕主題的愚昧討論，正如牛頓擔任會長之前的狀況。

1720 年，牛頓因為參加狂熱的股市投資，買了南海公司的股票，損失了一大筆財富。從 1 月至 6 月，每股股價從 128 英鎊狂飆到 1,050 英鎊。當惡名昭彰的「南海泡沫」在 9 月破滅，股價跌回 128 英鎊，牛頓當初在高價時投資的兩萬英鎊也跟著血本無歸。

牛頓一直工作到生命的盡頭。1727 年 3 月，牛頓在倫敦主持一場皇家學會的定期例會，這時的他已經八十四歲了，這將是他的最後一場會議。返家後第二天，這位年邁老人因為疼痛不堪而臥床休息，幾天後與世長辭。康杜特寫到牛頓在人世間的最後幾個小時，記述了他最後的一舉一動。按照聖公

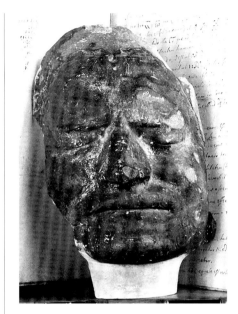

牛頓的死亡面具，置於原版的《原理》前。©Jim Sugar

牛頓的紀念像，立於西敏寺牛頓墓地附近。你能找出紀念這位英國偉大科學家的象徵嗎？（西敏寺總鐸暨全體神職人員提供）

會的習俗，教徒臨終前要接受「聖禮」，可是牛頓拒絕了。1727 年 3 月 20 日，牛頓選擇用自己的方式與上帝見面。

　　牛頓死時，有個知名的雕塑家來到他的住處，依照那個時代的風俗，製作他的「死亡面具」。雕塑家小心翼翼的把石膏塗敷在死去科學家的臉上，等到石膏乾了，這副面具就是所謂的死亡面具，後人在為這位傳奇人物鑄造藝術作品時，可以用它做為面容的模型。

　　牛頓死後停靈在英王和女王墓地環繞的西敏寺，供人瞻仰遺容。他的葬禮是英國自然哲學家中最盛大的，英國的名流貴族都出席觀禮。牛頓的扶棺者都是貴族——2 位公爵和 3 位伯爵，也都是皇家學會成員。牛頓的遺體安寢在西敏寺西側盡頭、他的紀念像前的那片地板下。地板上鐫刻著拉丁文「Hic depositum est, quod mortale fuit Isaaci Newtoni」（艾薩克‧牛頓長眠於此）。

透過歷史的鏡片看牛頓

牛頓逝世後如願以償，被後世尊為歷史上最偉大的科學家之一（如果不能說是歷史上最有名的人之一）。有個報紙讀者寫道，「牛頓爵士是最偉大的哲學家，也是不列顛國的光榮……」事實上，牛頓死後，名聲更勝於生時。隨著歐洲各國的強大，海外殖民的展開，牛頓的遺澤也成為英語國家的民族驕傲。

牛頓死後幾年，在他位於西敏寺的安葬地旁，豎起一座裝飾華麗的大理石紀念像。有人寫頌詩讚揚死者，有人把他的肖像掛在自己家裡。全英格蘭都有這位偉人的塑像，包括牛頓求學的格蘭特罕。大西洋兩岸，在英國本土和美洲殖民地，此後幾代都有許多男孩取名為「艾薩克·牛頓·（姓）」。認識牛頓的人在日記裡寫下他們對這位偉人的回憶，最早的牛頓傳記也紛紛出籠。

牛頓的手稿和書信也價值連城，於是有人開始蒐集他的文件，並將其收藏在安全的地方。牛頓在伍爾斯索普家鄉的親戚也希望能保有牛頓的文件；康杜特深怕那些人把文件賣掉，於是介入周旋，智取牛頓家族，保全了牛頓的文件。

1700 年代期間，「牛頓力學」主宰了全歐美科學家的研究方式。在啟蒙運動時期，牛頓成為下一世代卓越知識分子的英雄。啟蒙運動時期又稱為「理性時代」，人類的知識在此時期蓬勃發展。

牛頓死後不久，某個審閱牛頓煉金術手稿的學者在上頭批注「不適合出版」。要再等個 200 年，這些手稿才有機會重見天日。

在劍橋的牛頓塑像。（劍橋大學，三一學院圖書館）

啟蒙運動的思想家，如伏爾泰、富蘭克林和傑佛遜等人，都尊崇牛頓。在他們眼中，牛頓是純粹的理性人。牛頓的科學為他們的思考方式，開創一個智慧與光明的新時代，把人類的進步推向新高峰。英國詩人波普經常嘲諷別人，但是當他寫到牛頓時，卻萬分恭謹：

自然與自然定律在黑夜裡隱藏；上帝說：「這世界要有牛頓！」——於是，萬物迎來曙光。

時至 1800 年代，牛頓死後整整一個世紀，後人為他作的傳記已把他捧為神聖不可侵犯的名人。作傳者以華麗詞藻描繪牛頓的生平，把他神化了。形成強烈對比的是他們極少著墨於牛頓的黑暗面，對於他善妒的個性和古怪的習慣幾乎隻字未提。有時候，他們即使找到牛頓從事煉金術和懷有異端宗教思想的證據，卻唯恐敗壞牛頓的名聲而加以掩蓋，以為大眾永遠不會發現。

到了 1900 年代，歷史學家開始以較平衡的觀點看牛頓。科學開啟了一個全新研究領域，那就是研究人類精神面的心理學。研究人的行為背後是什麼原因，成為一股風潮。隨著人類愈多理解人類的心智和情感，傳記家也開始寫書探討牛頓的人格。

現在的傳記作者不只仰望牛頓崇高的科學成就，也著眼於牛頓身為凡人的一面。這些歷史學家講述了牛頓對虎克和弗蘭斯提德的嫉妒和不公平的手段。他們批評他在擔任鑄幣局局長時對造偽幣者的血腥對待。還有人提出疑問，為什麼牛頓在劍橋時的朋友那麼少？到了 1900 年代末期，有些作家認為牛頓隱瞞了他和魏克金斯、丟勒的同性戀關係。

關於牛頓神祕兮兮的個性，1936 年出現了線索。牛頓有一大批手稿在英國拍賣，後來由知名的英國經濟學家凱因斯收藏。凱因斯在翻閱那一疊疊手稿時，驚異的發現，有些文件顯示牛頓在祕密進行煉金術。還有些文件證實，牛頓不相信三位一體論，而且深恐別人發現。

這項發現是牛頓之謎的一塊重要拼圖。關於他隱遁在劍橋的那段歲月，研究者現在有了更清楚的輪廓。因為發現這項新資訊，凱因斯深信，牛頓不是現代科學家，而是「一腳踩在中世紀、另一腳踏在通往現代科學之路」。凱因斯不相信牛頓的煉金術研究有任何科學價值。

然而今日有些科學家不認同凱因斯的說法。化學家以全新的眼光，仔細審視牛頓的煉金術手稿。這些科學家推測，牛頓感興趣的是他在實驗室研究的化學變化過程，只不過這些變化的「魔法」本質，也讓牛頓著迷。他們相信，牛頓其實只是盡其所能去理解化學技術和金屬的表現。他們重製牛頓的鍋爐，複製他的「化學實驗」，希望能證明他們的主張。

牛頓是科學界的偉人，聲譽威望屹立不搖。事實上，現代人公認科學界有兩顆「最偉大的心靈」：一是牛頓；另一個則是愛因斯坦。1900 年代初期，愛因斯坦的狹義相對論和廣義相對論開啟了物理學革命。愛因斯坦問道：物體如果以接近光速運動，會發生什麼事？而他提出的觀念，引領科學進入全新的研究領域。

2005 年，皇家學會舉辦了一場票選，分別請科學家和一般民眾選出他們心目中「歷史上最偉大的科學家」。有 61% 的科學家投給牛頓，31% 投給愛因斯坦。在一般民眾的票選中，兩人則是平分秋色：牛頓的得票率為 50.1%，

愛因斯坦（1879-1955）。

愛因斯坦是 49.9%。

　　愛因斯坦本人肯定牛頓對物理學有深遠的影響。他曾表示，牛頓是「一縷閃耀著熠熠光芒的精魂，照亮了西方的思考和研究之路……」正如愛因斯坦所言，牛頓的運動觀念影響了物理學的各個領域：研究光的光學；研究熱、能量和氣體的熱力學；還有電力學和磁力學。

　　牛頓的人生和研究，永遠是引人入勝的主題。牛頓留下的大量手稿，仍有待研究。關於牛頓的種種，學者在未來還會拓展更多觀點。關於牛頓這個人，即使我們找到這麼多證據，永遠還是有未解的謎。對於這個深奧神祕但終究是凡人的逝者，學者會繼續考證下去。

　　英國知名的浪漫主義詩人華滋華斯曾生動的描寫籠罩著牛頓的神祕迷霧。華滋華斯和牛頓一樣都曾在劍橋大學求學，華滋華斯說，從他的臥室可以看到一尊牛頓雕像；他的詩就是從那尊雕像得到的靈感。

　　華滋華斯在詩末鮮明的勾勒出牛頓內在世界的景象。

從我的枕上，藉著月光或星光，我能望見，大禮拜堂的牛頓雕像，他有支稜鏡，他有張寧靜的臉龐，大理石銘文所記述的那顆心靈，永遠形單影隻，航行在陌生的思想海洋。

誌謝

　　我真摯的感謝沙維爾大學的羅伯特・湯森博士、辛辛那提大學的肯恩・科勒博士，以及我的父親費德立克・D・羅根，由於他們在數學和物理上對我的指點，我才能寫作此書。我也要感謝布蘭登・瑪莉・米勒和瑪麗・凱伊・卡森鼓勵我寫下牛頓的故事；還有我的編輯傑瑞・波倫，感謝他在許多活動單元逐一給我指導；我也要感謝我的學生「測試員」瑪提娜・歐洛茲。我要特別感謝我的寫作團隊成員，謝謝他們仔細審閱書稿。謝謝艾美・霍伯樂、戴安娜・R・簡金斯、凱西・奇茲、格里・科萊薩爾、凱麗・莫斯特和麗莎・慕莎。最後，每個作者都需要一個「冷靜」的讀者，而我要特別感謝外子比爾，他有一雙飛行員的眼睛，不管遇到任何天氣，都一路看顧著我。

參考資源

有很多管道可以更了解牛頓、物理學和科學史。最好的方法就是走一趟你家附近的圖書館，請圖書館員協助你。

以下是一些入門參考資源。

網站

Build a Newtonian Physics Machine（打造牛頓物理學機器）

http://spaceplace.nasa.gov/en/kids/funphysics.html

這是 NASA 的網站，示範如何製作簡單的機器，證明牛頓第三定律。

The Chymistry of Isaac Newton（牛頓的化學）

http://webapp1.dlib.indiana.edu/newton/

印第安那大學的化學家正在研究牛頓的煉金術，針對牛頓在實驗室裡做實驗的真相提出新觀點。這個網站有最完整的牛頓實驗筆記全文和影像檔。

Cosmic Journey: A History of Scientific Cosmology（宇宙之旅：科學宇宙學的歷史）

http://www.aip.org/history/cosmology/index.htm

美國物理學會（American Institute of Physics）的網頁，關於人類歷來對宇宙的研究，提供很好的觀點；此外也有物理學觀念的詳盡解說。網站內有給學生及教師的參考資源。

Footprints of the Lion（獅子的腳印）

http://www.lib.cam.ac.uk/exhibitions/Footprints_of_the_Lion/

馬格勒斯菲爾德典藏文獻（Macclesfield Collection）的線上展示。劍橋大學在 2000 年以超過 12,000,000 美金買下這套典藏文獻，裡頭有牛頓的書信和手稿，記錄了牛頓在引力、微積分、《原理》、光學、化學，彗星以及其他主題的著作和思想。

The Newton Project（牛頓計畫）

http://www.newtonproject.sussex.ac.uk

關於牛頓的著作，這是最完整而詳盡的網站，網站開發者的目標是「將多元性驚人的牛頓著作，彙集成可以自由取用的單一電子版，藉此領略牛頓著作不可分割的整體性」。

Newton's Dark Secrets WGBH Boston Video, 2005.

（「牛頓的祕密」，美國波士頓公共電視台 2005 年的影片）

Nova 頻道的牛頓專題影片，提到他的煉金術實驗。

美國公共電視網（PBS）的網站上有影像經過改良的版本，片名相同。

http://www.pbs.org/wgbh/nova/newton

The Physics Classroom Tutorial（物理學課堂講義）

http://www.physicsclassroom.com

一位高中物理老師為物理學入門學生寫的線上物理講義，清楚而實用。

重要名詞索引

A

加速度／acceleration

理性時代／Age of Reason

喬治·艾里／Airy, George

煉金術符號／alchemical symbols

煉金術／alchemy

代數／algebra

花拉子模／Al-Khwarizmi

合金／alloys

《論分析》／Of Analyses

解析幾何／analytical geometry

銻／antimony

亞里斯多德／Aristotle

天文學／astronomy

原子／atoms

詹姆士·艾斯庫／Ayscough, James

威廉·艾斯庫／Ayscough, William

B

查理巴貝／Babbage, Charles

韓福瑞·巴賓頓／Babington, Humphrey

法蘭西斯·培根／Bacon, Francis

伊薩克·巴羅／Barrow, Isaac

凱瑟琳·巴爾頓／Barton, Catherine

雙目視覺／binocular vision

黑死病／Black Death

安妮·博林／Boleyn, Anne

羅伯特·波以耳／Boyle, Robert

〈溫德米爾少年〉（華滋華斯）／ "The Boy of Winander" (Wordsworth)

第谷·布拉赫／Brahe, Tycho

《不列顛星表》／British History of the Heavens

C

微積分／calculus

燭鐘／candle clocks

向心力／centripetal force

威廉·夏隆納／Chaloner, William

《化學索引》／Chemical Index

色像差／chromatic aberration

英格蘭教會／Church of England

約翰·柯林斯／Collins, John

哈雷慧星／Comet Halley

彗星／comets

約翰·康杜特／Conduitt, John

尼古拉·哥白尼／Copernicus, Nicolaus

銅／copper

製造偽幣／counterfeiting

奧利佛·克倫威爾／Cromwell, Oliver

水晶花園／crystal garden

曲線／curves

D

《論分析》／De analysi

勒內·笛卡兒／Descartes, Rene

K

約翰尼斯・克卜勒／Kepler, Johannes

喀拉拉學院／Kerala School

約翰・梅納德・凱因思／Keynes,
John Maynard

L

緯度／latitude

加速度定律／law of acceleration

作用與反作用力定律／law of action
and reaction

彈性定律／law of elasticity

自由落體定律／law of falling bodies

慣性定律／law of inertia

萬有引力定律／law of universal
gravitation

運動定律／laws of motion

鉛／lead

哥特弗利德・威廉・萊布尼茲／
Leibniz, Gottfried Wilhelm

萊斯特屋／Leicester House

〈論光與顏色書信〉／"Letter on Light

& Colours,"

約翰・洛克／Locke, John

對數／logarithms

亨利・盧卡斯／Lucas, Henry

盧卡斯數學教授／Lucasian Professor
of Mathematics

M

火星／Mars

質量／mass

《自然哲學的數學原理》／
Mathematical Principles of the
Natural Philosophy

物質／matter

機械宇宙觀／mechanistic universe

梅迪奇家族／Medici family

尼可拉斯・麥卡托／Mercator,
Nicholas

水銀（汞）／mercury

合金／metal alloys

《微物圖誌》／Micrographia

礦物質／minerals

錯覺／misperceptions

動量／momentum

查爾斯・蒙塔格／Montague, Charles

月相／moon phases

N

自然哲學／natural philosophy

漢娜・牛頓（母親）／Newton,
Hannah (mother)

韓福瑞・牛頓／Newton, Humphrey

艾薩克・牛頓／Newton, Isaac

煉金術士／as alchemist

運動定律／Laws of Motion of

罪過表／list of sins

鑄幣局／at Royal Mint

皇家學會／Royal Society and

艾薩克・牛頓（父親）／Newton,
Isaac (father)

牛頓環／Newton's Rings

O

海洋潮汐／ocean tides

勝算／odds

亨利・奧登柏格／Oldenburg, Henry

歐特雲／Oort Cloud

錯覺實驗／optical illusions

《光學》／Opticks

光學／optics

行星軌道／orbits, planetary

P

拋物線／parabola

伊格納茨・加斯頓・巴蒂／Pardies, Ignace Gaston

凱瑟琳・帕爾／Parr, Catherine

擺錘／pendulum

補助生／pensioners

塞繆爾・皮普斯／Pepys, Samuel

視覺／perception

哲學家之石／philosopher's stone

《自然科學會報》／Philosophical Transactions

物理學／physics

鼠疫／plague

防疫面具／plague masks

行星／planets

北極星／Polaris

亞歷山大・波普／Pope, Alexander

約瑟夫・普利斯特里／Priestly, Joseph

《原理》／Principia Mathematica

印刷術／printing press

稜鏡／prisms

機率／probability

拋射體／projectiles

班傑明・普萊恩／Pulleyn, Benjamin

Q

水銀（汞）／quicksilver

R

反射望遠鏡／reflecting telescope

折射／refraction

文藝復興／Renaissance

復辟／Restoration

保皇派／Royalists

皇家鑄幣局／Royal Mint

皇家學會／Royal Society

S

科學論戰／scientific debate

科學革命／Scientific Revolution

第二運動定律／Second Law of Motion

六分儀／sextants

速記法／shortwriting

銀／silver

正弦定理／sine law

公費生／sizars

國家圖書館出版品預行編目（CIP）資料

跟大師學創造力 2：牛頓的物理學探索＋21 個趣味實驗／凱
麗 . 羅根 . 何理翰（Kerrie Logan Hollihan）著；周宜芳譯 . -- 初版 .
-- 新北市：字畝文化創意出版：遠足文化發行 , 2017.10
　面；　公分 . --（Stem；2）
譯自：Isaac newton and physics for kids : his life and ideas with 21
activities
ISBN 978-986-95508-0-2（平裝）
1. 牛頓（Newton, Isaac, Sir, 1642-1727）2. 科學家 3. 傳記 4. 通俗
作品
784.18　　　　　　　　　　　　　　　106017190

STEM002

跟大師學創造力2：牛頓的物理學探索＋21個趣味實驗

作者／凱麗・何理翰 Kerrie Logan Hollihan　　譯者／周宜芳

字畝文化創意有限公司

社長／馮季眉　責任編輯／吳令葳　編輯／戴鈺娟、陳心方、巫佳蓮

封面設計及繪圖／三人制創　美術設計及排版／張簡至真　校對／李承芳

讀書共和國出版集團

社長／郭重興　發行人兼出版總監／曾大福　業務平臺總經理／李雪麗　業務平臺副總經理／李復民

實體通路協理／林詩富　網路暨海外通路協理／張鑫峰　特販通路協理／陳綺瑩

印務協理／江域平　印務主任／李孟儒

發行／遠足文化事業股份有限公司　地址：231 新北市新店區民權路 108-2 號 9 樓

電話：(02)2218-1417　傳真：(02)8667-1065

電子信箱：service@bookrep.com.tw　網址：www.bookrep.com.tw

法律顧問／華洋法律事務所　蘇文生律師　印製／中原造像股份有限公司

2017 年 10 月 13 日　初版一刷　定價：380 元　書號：XBST0002　ISBN：978-986-95508-0-2
2022 年 3 月　　　初版九刷

特別聲明：有關本書中的言論內容，不代表本公司／出版集團之立場與意見，文責由作者自行承擔